LA JOLIE FILLE DU FAUBOURG.

monsieur Alexis. Ah! vous êtes bien aimable d'être venu avant M. Durozel...

— Mesdemoiselles, dit Frison, en poussant le petit monsieur devant lui, je vous présente mon ami Grandinet, qui n'a pas voulu ôter ses socques afin de vous donner dans l'œil... A part cette obstination, c'est un garçon charmant, et qui nous fera danser; il musicien jusque dans la racine des cheveux, et il a apporté ses instruments.

Les jeunes filles chuchotent entre elles, en tâchant d'étouffer des éclats moqueurs provoqués par l'apparition de ce monsieur, qui leur fait un profond salut, et laisse échapper un rire aigre et saccadé à chaque plaisanterie que Frison se permet sur son compte.

— Comment trouvez-vous mon logement, messieurs? dit Amandine; n'est-ce pas qu'il est très-bien distribué? — Oui, dit Frison, charmante distribution..., tout en enfilade! mais je ne vois pas la chambre à coucher?... — C'est là au fond..., la quatrième pièce... Il n'y a pas de croisée; mais c'est plus sain pour dormir. — C'est-à-dire que c'est un cabinet. — C'est une chambre noire, monsieur. — Très-bien; ce sera une lanterne magique, si vous voulez!

— Qu'est-ce que vous tenez donc là, monsieur Frison? dit Mlle Désirée, en cherchant à voir sous le papier qui enveloppe le pâté.

— Oh! ceci, mesdemoiselles..., c'est pour le banquet... On a paru douter de ma galanterie..., j'ai voulu prouver que je n'étais point toujours sans le sou..., comme on a l'air de le croire... Ceci est un pâté... dont vous n'avez jamais vu le pareil..., et de plus, voici deux bouteilles de vin cacheté..., cire jaune, rien que ça.

— Oh! mais c'est superbe! M. Frison s'est mis en frais.

— Est-ce du muscat? demande Désirée en regardant la bouteille, c'est que j'adore le muscat...

— C'est bien mieux, ma foi! mesdemoiselles, y en a-t-il une parmi vous qui connaisse le vin de Constance..., vin rare, vin délicieux, et le plus cher de tous les vins des quatre parties du monde?...

— Non..., non... — Et toi, Grandinet, en as-tu jamais bu, avec tes socques ou sans socques? — Eh! eh! eh!... jamais, jamais. — Et vous, monsieur Alexis? — Ni moi. Ainsi, personne ici ne le connaît. Tant mieux..., vous en boirez ce soir. Je voudrais mettre tout cela en lieu de sûreté. — Tenez, là, sur la commode. — Soit..., mais surtout que personne ne s'avise de toucher à mon pâté!...

Pendant que Frison pose avec beaucoup de précaution son pâté sur une commode, et que Grandinet sort de dessous son habit un petit accordéon et un flageolet, qu'il va mettre sur la cheminée, Alexis court se placer une chaise qui est vacante près d'Amandine, avec laquelle il brûle de causer. La jeune fille, flattée de l'empressement avec lequel Alexis est venu s'asseoir près d'elle, et en attribuant la cause à sa gentillesse, se persuade déjà que c'est à elle que le jeune homme donne en

— Vous ne me remettez pas, monsieur? — Page 31.

secret la préférence. Aussi un tendre regard, un doux sourire, et un petit soupir qu'on semble vouloir retenir, accueillent-ils les premières paroles d'Alexis, tandis que les autres jeunes filles, qui voient tout, qui observent tout, se lancent des regards, se poussent du coude et se montrent Amandine.

— Mesdemoiselles, qu'est-ce vous faisiez quand nous sommes arrivés? demande Frison.

— Mais rien..., nous vous attendions.

— En ce cas, je propose de passer à d'autres divertissements... Le colin-maillard assis, par exemple; c'est un jeu dont je raffole, parce que j'en ai étudié toutes les combinaisons.

— Un moment! M. Durozel n'est pas encore arrivé; nous pouvons bien causer un peu, dit Amandine en regardant Alexis.

— C'est ça, dit tout bas Désirée à Eugénie, parce qu'Amandine a accaparé M. Alexis, elle ne va plus vouloir faire autre chose que causer.

— Frison a raison, il faut faire quelque chose, dit Julienne; d'ailleurs, jouer ou danser n'empêche pas de parler... Puisque monsieur est musicien, et qu'il a eu la bonté d'apporter ses instruments, si nous commencions par danser, pour nous mettre en train?

— Oui, dansons! s'écrient toutes les jeunes filles... — Allons, Grandinet, mon ami, dit Frison, c'est ici que tu vas briller et montrer tes talents à ces demoiselles..., prends ton accordéon... En joues-tu avec tes socques ou sans socques?

— Eh! eh! eh! vous allez voir ça...

— Mais, avant de commencer la danse, s'écrie Frison, je dois une réparation publique à ces demoiselles...

— Quoi donc..., qu'est-ce que c'est?

— C'est qu'en venant ici j'ai trouvé M. Alexis en faction sur l'escalier, d'où j'ai eu toutes les peines du monde à le tirer, et que..., je l'avoue en rougissant, je croyais qu'il attendait là une de vous qui n'était pas encore arrivée. Puisque vous êtes toutes ici, je m'étais trompé..., c'est qu'il en attendait une autre!...

Ce n'est pas sans intention que le jeune Frison vient de dire cela; s'apercevant de la préférence que ces demoiselles accordent à Alexis, et du petit manège qu'elles emploient pour faire sa conquête, il veut tâcher de semer l'inquiétude et la discorde entre elles et lui. Ses paroles produisent l'effet qu'il espérait. Amandine se pince les lèvres avec dépit, Désirée a l'air vexé, Julienne elle-même semble piquée. On dit à Alexis:

— Comment..., vous attendiez quelqu'un dans l'escalier?

— Vous connaissez une personne dans la maison? — Qui donc attendiez-vous sur l'escalier?

Alexis, un moment troublé par toutes les questions de ces demoiselles, prend enfin son parti et répond:

— En effet, mesdemoiselles, en venant ici..., dans votre escalier..., j'ai rencontré une personne.... que je pensais ne jamais revoir. Je vous ai conté l'aventure qui m'arriva cet hiver, un soir, dans la rue... Cette jeune fille, qui était poursuivie par un vieux monsieur...

— Ah! oui, s'écrie Amandine, et que vous avez si galamment protégée et reconduite chez elle...

— Et que vous n'aviez pas même regardée, dit Désirée.

— C'est vrai, mademoiselle. Eh bien! c'est elle que j'ai rencontrée ce soir dans l'escalier de cette maison.

— Et comment donc l'avez-vous reconnue, demande Julienne, puisque vous l'aviez reconduite chez elle sans la regarder?

— L'observation est captieuse! dit Frison. Grandinet, fais-nous le plaisir de te taire un peu... Tu joueras tout à l'heure... Va ôter tes socques.

— Mais aussi, répond Alexis, ce n'est pas moi qui ai reconnu cette demoiselle... C'est elle qui m'a dit bonsoir la première...

— Ah! je gage que c'est la petite chipie qui demeure ici dessus, reprend Amandine d'un air moqueur; il paraît qu'elle n'avait pas fait comme vous, elle avait regardé la personne qui lui donnait le bras...

— Et les traits de son libérateur étaient restés en traits de feu gravés au fond de son cœur! s'écrie Désirée en déclamant comme si elle jouait le mélodrame.

— Mesdemoiselles, dit Alexis d'un ton un peu piqué, je ne vois pas ce qu'il y a d'extraordinaire à ce qu'on salue quelqu'un... que l'on reconnaît... Cette jeune personne a sans doute attaché trop d'importance au service que je lui ai rendu, mais la reconnaissance ne me semble jamais ridicule!

— Mon Dieu, monsieur, s'écrie Amandine, nous n'avons pas l'intention d'insulter votre belle inconnue!...

— Je ne me fâche pas, mademoiselle. — Mais si, vous prenez feu tout de suite... ; il paraît que vous portez beaucoup d'intérêt aux personnes que vous trouvez dans les rues..., le soir..., dans un quartier désert..., c'est si romanesque!... Il faudra que je sorte seule, le soir, moi, pour voir si l'on m'insultera.

— Ça ne peut pas vous manquer, dit Frison en riant. Ah çà, puisque maintenant... Grandinet, ne touches pas à votre instrument!... Puisque M. Alexis a vu enfin le visage de cette demoiselle, je demande si elle est jolie.

— Charmante, s'écrie Alexis avec un enthousiasme qu'il ne cherche point à dissimuler, et qui augmente la contrariété de ces demoiselles.

— Oh! par exemple, monsieur, vous n'êtes pas difficile! s'écrie Amandine en rougissant de dépit. Qu'est-ce qu'elle a donc de charmant, cette demoiselle?... un nez..., des yeux..., une bouche comme tout le monde.

— S'il lui manquait une de ces choses-là, dit Frison, il me semble que cela ne l'embellirait pas non plus.

— Mais je veux dire qu'elle a rien... d'extraordinaire...

— Si elle avait un nez ou une bouche extraordinaire, reprend Frison, ça pourrait encore ne pas lui aller.

— Ah! monsieur Zonzon, vous êtes insupportable ce soir. Au reste, Julienne a vu ma voisine..., l'autre fois comme nous rentrions. Te rappelles-tu, Julienne, ce qu'a dit : Tiens, voilà la chipie de la maison..., car c'est ainsi qu'on la nomme?. N'est-ce pas, Julienne, qu'elle n'a rien de joli?

— Dame!... de ces figures... comme on en voit beaucoup, et dont on ne dit rien.

— Si c'est de ces figures dont les femmes ne disent rien, s'écrie Frison, c'est qu'elle est fort jolie! sans quoi, certes, on en dirait quelque chose.

— Après tout, mesdemoiselles, reprend Alexis, vous êtes bien maîtresses de ne pas trouver cette jeune personne... à votre goût. Mais je voudrais le savoir ce qui lui a mérité ce surnom de... chipie que vous lui donnez?

— Oui, monsieur, répond Amandine, rien n'est plus facile. Vous saurez d'abord que lorsqu'on emménage dans une maison, c'est assez l'usage d'aller faire une visite de politesse à ses voisines... Du moins, c'est mon habitude à moi ; car, enfin, on ne peut pas arriver; on peut avoir besoin d'aide, de secours ; on peut être incommodé la nuit. Bref, en emménageant ici, je me suis informée, j'ai demandé quels étaient mes voisins. Au premier, des fabricants, tout un ménage, une trôlée d'enfants ; au second, un vieux rentier, sa femme, leur bonne; au troisième, une vieille comtesse ruinée et un avocat ruineux ; ici, moi, et pour vis-à-vis une actrice de chez Franconi; enfin, au-dessus, une femme qui fait des ménages, et cette demoiselle, Marguerite, car voilà son nom. Marguerite, on ne lui en connaît pas d'autre ; c'est déjà suspect ; car certainement Marguerite n'est pas un nom de famille..., son père ne s'appelait probablement pas Marguerite... Mais elle ne connaît peut-être pas le sien. C'est égal, je me dis, cette demoiselle... qui travaille... à je ne sais quoi..., qui brode à ce qu'on dit..., enfin cette voisine pourra me faire une petite société... ; c'est quelquefois commode lorsqu'on sort d'avoir une voisine qui veille sur votre lait ou écume votre marmite. Je suis donc montée un matin chez Mlle Marguerite, je sonne..., non, je frappe; si, je sonne, on est

longtemps à m'ouvrir ; enfin, on vient, on fait une singulière grimace en me voyant, et on me demande ce que je veux. Moi, je réponds : « Mademoiselle, je viens d'emménager, je loge au-dessous de vous, et comme votre voisine je viens vous voir, pour faire connaissance et vous engager à venir quelquefois travailler auprès de moi, quand cela vous fera plaisir. » Je crois alors qu'on va me prier d'entrer, de m'asseoir. Pas du tout! on me répond d'un ton très-peu aimable : « Mademoiselle, vous êtes bien honnête, mais je ne vais chez personne et je ne reçois personne. » Puis on me ferme la porte au nez. Par exemple! me dis-je, si je suis honnête, tu ne l'es guère, toi!

— Oh fi! que c'est mauvais ton de se conduire comme ça! dit Désirée. Fermer sa porte au nez de quelqu'un... ; moi, la mienne est toujours ouverte!

— C'est bien meilleur genre! s'écrie Frison.

— Après cela, dit Julienne, il faut excuser cette petite fille, il est probable qu'elle n'a pas reçu grande éducation, et ne connaît pas les usages!

— Je crois que vous vous trompez, mesdemoiselles, dit Alexis; quoique je n'aie pas eu une longue conversation avec... cette jeune personne, j'ai remarqué qu'elle causait fort bien..., que ses expressions étaient pures, quelquefois même élégantes. Enfin, à son ton, à ses manières, j'ai jugé au contraire qu'elle avait dû être fort bien élevée.

— Comment, monsieur, vous avez remarqué tout cela en si peu de temps! dit Désirée d'un air moqueur.

— Que sait-on, dit Amandine, Mlle Marguerite est peut-être une princesse..., une duchesse qui s'est réfugiée dans la rue Corbeau pour raison d'État. Ah! ah! je ne me serais jamais doutée que c'était une grande dame qui logeait au-dessus de moi..., dans les mansardes...; car les logements sont mansardés ici dessus. En tout cas... elle a une conduite bien singulière, cette demoiselle..., et il court de drôles de bruits sur son compte...

— Quels bruits?... demande Alexis avec vivacité.

— Oh! monsieur..., je ne sais si je dois vous dire..., je craindrais de vous fâcher encore, vous semblez porter tant d'intérêt à Mlle Marguerite!

— Dites toujours, s'écrie Frison, nous tenons à tout savoir... Grandinet, si tu touches encore à ta boîte à musique, tu n'auras pas de vin de Constance, et je t'ôterai tes socques. Parlez, céleste Amandine, nous ouvrons nos oreilles.

— Eh bien! reprend Amandine, en regardant souvent Alexis pour voir l'effet produit par ses paroles, outre que Mlle Marguerite ne parle à personne dans la maison et semble se sauver dès qu'on ouvre une porte..., dès qu'elle aperçoit un voisin ! on a remarqué que cette demoiselle ne sortait presque jamais dans le jour, c'est la nuit seulement qu'elle se met en course..., qu'elle va faire ses emplettes, son marché... ; j'en suis bien sûre, je le tiens de la fruitière d'en face, chez laquelle elle a été l'autre soir, à huit heures et demie, acheter une salade et des œufs. Vous conviendrez que c'est assez extraordinaire de n'acheter son dîner que le soir.

— C'est qu'apparemment elle soupe et ne dîne pas, dit Frison.

— Oui, reprend Désirée; mais alors, cette demoiselle ne doit pas manger de viande de boucherie, car tous les bouchers sont fermés le soir; et moi, j'ai une triste opinion d'une femme qui ne met jamais le pot au feu.

— Il est certain, s'écrie Frison en riant, qu'on ne peut pas aller lui emprunter du bouillon.

— Si elle ne sort que le soir, dit Julienne, il n'est pas étonnant qu'il lui arrive des aventures..., des rencontres.

— C'est peut-être pour en chercher qu'elle ne se met en course que la nuit, comme les chats, dit la grande Hortense, qui n'avait pas encore placé son mot.

— Ah! c'est bien méchant ceci! s'écrie Frison.

— Est-ce là tout ce que vous savez sur cette jeune fille? reprend Alexis.

— Oh! pardonnez-moi. On a remarqué aussi que quelquefois elle sortait de très-grand matin... Alors, ces jours-là, elle ne rentre que fort tard dans la soirée, et c'est même..., c'est peut-être pour la rentrer qui me l'a dit en confidence..., une fois elle a découché, elle n'est revenue que le lendemain.

Toutes les grisettes poussent une exclamation et font un mouvement en arrière, en s'écriant : — Découché..., quelle horreur!

— Dites donc, mesdemoiselles, est-ce que ça ne vous est jamais arrivé de découcher? dit Frison en riant.

— Non, monsieur, répond Amandine, jamais, à moins que ce ne soit pour passer la nuit au bal... Alors, c'est tout naturel, et le portier sait où vous êtes, et ce n'est pas faire de cancans!... Enfin, pour en revenir à la chipie, il y a quelques jours un homme est venu la voir.

— Un homme? dit Alexis en cherchant à dissimuler son émotion.

— Oui, monsieur, un homme ; mais quel homme, grand Dieu !... J'étais par hasard chez le portier quand il s'est présenté. Je revenais du marché, c'était le matin, moi, je ne fais pas comme cette demoiselle, je vais au marché dans le jour... Je vois tout à coup une grande figure blême..., jaune..., des yeux caves..., une longue barbe..., pas une barbe comme les dandys, mais comme les voleurs..., enfin une figure sinistre; et puis un costume à l'avenant..., une grande redingote dont on ne distinguait plus la couleur..., à laquelle il manquait plusieurs boutons, et qui était percée aux coudes, de ces redingotes à la *Robert-Macaire*, et le chapeau idem. C'est au point que j'ai eu peur et le portier aussi. Cet homme est venu contre la porte de la loge et a dit avec une voix... effrayante : — Est-ce ici que reste une jeune fille nommée Marguerite? Là-dessus, le portier s'est un peu remis, et lui a répondu : — Oui, monsieur, c'est ici, au cinquième, la porte en face de l'escalier. — Et y est-elle maintenant? a repris l'homme, toujours avec sa voix effrayante. — Oh! certainement qu'elle y est, elle ne sort pas dans le jour. Là-dessus, l'homme s'est dirigé vers l'escalier, et il est monté chez Mlle Marguerite. Moi et le portier, nous nous regardions... Cet homme nous avait comme asphyxiés, si bien que j'ai dit : — Je ne veux pas remonter chez moi, j'aurais peur... Je vais rester dans votre loge jusqu'à ce que ce vilain homme soit ressorti de la maison. Je suis donc restée..., j'ai attendu; croiriez-vous que ce mendiant ou ce voleur..., ce je ne sais quoi enfin, est resté près de deux heures chez ma voisine !...

— Deux heures ! s'écrient les jeunes filles.

— On peut faire beaucoup de choses en deux heures, dit Frison; par exemple, Grandinet aurait bien le temps d'ôter et de remettre ses socques.

— Enfin, cet homme est sorti de chez mademoiselle la chipie... On ne devrait pas tant la faire, quand on reçoit de telles visites; le lendemain, elle est partie de très-grand matin, et c'est même jour-là qu'elle a découché.

Amandine termine ainsi son récit, et toutes les grisettes font des commentaires, des conjectures sur la voisine. Alexis ne dit plus rien, il semble attristé par ce qu'il vient d'entendre. Grandinet tient toujours sur ses genoux son accordéon et son flageolet; Frison se frotte les mains, enchanté d'avoir mis la désunion entre Alexis et les demoiselles. En ce moment on ouvre la porte.

C'est Durozel qui s'écrie en entrant :

— Comment ! je n'entends ni danser, ni rire, ni chanter !... Je croyais me tromper de porte, moi... Que diable faites-vous donc ici? on a l'air triste, ennuyé, comme si l'on parlait politique.

Frison s'empresse de répondre :

— C'est que M. Alexis a retrouvé dans cette maison la jeune fille qu'il a sauvée jadis d'un grand péril dans la rue..., quand un vieillard allait lui pincer le derrière...

— Ah ! monsieur Frison !... s'écrie Julienne, vous vous oubliez !

— Pardon ! je voulais dire... *le gros Thomas*..., car on appelle cela maintenant un gros Thomas..., même quand il est petit. Bref, comme M. Alexis porte beaucoup d'intérêt à ce gros Thomas..., c'est-à-dire à la vertu de cette demoiselle qui demeure ici dessus, il a demandé quelques renseignements sur son compte..., et Mlle Amandine en a donné de bien mystérieux...

— Eh quoi ! dit Durozel, c'est dans cette maison que vous aviez ramené cette jeune fille..., et vous ne saviez pas dans quel quartier vous étiez !

— Quand je l'ai reconduite chez elle, elle ne demeurait pas encore ici, répond Alexis.

— Messieurs et mesdemoiselles, s'écrie Frison, il me semble que c'est assez nous occuper de la voisine. Nous nous sommes réunis ce soir pour nous amuser, et depuis une heure nous ne nous amusons pas du tout... N'est-ce pas, Grandinet, que tu ne t'amuses pas?

— Eh! eh! eh!... c'est vrai, on devait faire des folies, et on ne fait pas de folies, eh! eh! eh!...

— Mesdemoiselles, je demande que l'on ouvre le bal.

— Oui, oui, dansons ! s'écrient les jeunes filles, et ne nous occupons plus de la petite voisine.

— Grandinet, vous l'avez entendu; on veut danser, c'est maintenant que vous avez le droit de prendre vos instruments..., de jouer même des deux à la fois si cela vous convient.

— Eh! eh!... des deux à la fois..., ça ne se peut pas..., je vais jouer de l'accordéon, c'est plus harmonieux.

Frison court prendre la main de Julienne, Durozel celle de Désirée; Amandine, qui veut tâcher de se raccommoder avec Alexis, va elle-même le prier de danser, et la grande Hortense fait le cavalier avec une autre demoiselle.

Alors Grandinet monte sur une chaise pour mieux représenter un orchestre, et se met à jouer une valse.

— Qu'est-ce que c'est que ça? s'écrie Frison. — C'est une valse.

— Mais tu vois bien que nous sommes en place pour la danse ! joue-nous autre chose.

Le petit homme se livre à son rire saccadé et se met à jouer une autre valse.

— Mais que diable ! ça ne va pas du tout, dit Frison..., on ne peut pas danser sur ce mouvement-là..., c'est encore une valse ceci !... joue-nous donc une contredanse.

— Eh! eh!... eh ! je ne sais que des valses !... — Grandinet, vous me faites de la peine..., joue-les en quatre temps alors..., que nous puissions danser...

Grandinet continue la valse, on tâche de danser, mais cela va mal. Tout à coup une des jeunes filles qui ne dansait pas pousse un cri effrayant.

— Qu'est-ce qu'il y a donc, Eugénie?... qu'est-ce que tu as?... demandent les demoiselles.

Eugénie montre du doigt la commode, en disant : — Il m'a semblé que je voyais marcher le pâté de M. Frison...

Frison se retourne pour cacher son envie de rire, et Amandine répond à Eugénie :

— Allons donc ! tu es folle..., tu as rêvé..., c'est qu'en dansant nous aurons fait remuer la commode... Valsons, cela vaudra bien mieux, puisque monsieur ne sait pas de valses... Monsieur Alexis, vous allez me faire valser. — Mademoiselle, je n'ai pas l'habitude..., je ne sais pas si je pourrai. — Oh! si, si..., d'ailleurs je vous apprendrai..., moi, je valserais toute une soirée sans m'étourdir.

Et Amandine s'empare du jeune homme, enlace ses bras autour de lui et le fait valser tout en lui disant : — Vous pensez encore à Mlle Marguerite... — Mais, mademoiselle... — Vous êtes un vilain..., laissez-vous aller..., je marquez point le pas... Vous êtes fâché contre moi? — Non; mademoiselle... — Oh! si! je le vois bien..., Serrez-moi donc..., est-ce que vous avez peur de me tenir?... — Non, mademoiselle... — On le croirait... Si vous valsiez avec ma voisine, vous seriez plus heureux... — Mais je ne... — Oh si! je suis bien sûre que vous la tiendriez plus près de vous..., oh! vous êtes un monstre... — Comment, mademoiselle...

— Oui ! vous êtes un monstre..., serrez-moi donc plus fort.

— Allons ! voilà Grandinet qui joue la valse en deux temps maintenant ! s'écrie Frison. Tu veux donc nous faire danser à présent, parce que nous valsons?

— Non... eh, eh, eh ! c'est une sauteuse, il faut emboîter le pas. — Grandinet, vous êtes un polisson..., ces demoiselles ne veulent rien emboîter.

La valse dure longtemps; enfin ces demoiselles, qui semblent infatigables, consentent à laisser reposer leurs valseurs et Grandinet, grâce à ses socques, se jette par terre en descendant de la chaise sur laquelle il était perché.

On s'empresse auprès du petit monsieur; mais il se relève en s'efforçant de rire, et Frison dit : — Mesdemoiselles, il n'y a aucun danger, quand Grandinet tombe il ne peut jamais se faire de mal; passons à d'autres jeux ! Je redemande le colin-maillard assis.

La proposition de Frison n'est pas acceptée. Amandine et ses amies préfèrent la danse et la valse à tous les petits jeux. Grandinet se rappelle que sur le flageolet il sait *bonjour*, *mon ami Vincent*, et comme ce n'est pas un mouvement de valse, les grisettes en font une contredanse en se résignant faire toutes les figures sur l'air de *mon ami Vincent*, ce que Frison trouve fort monotone.

Après avoir dansé et valsé, on s'occupe du souper; pour beaucoup de ces demoiselles c'était la partie la plus intéressante de la soirée.

Dans le cabinet qui était après la grande pièce, se trouvait le lit de Mlle Amandine, et sur ce lit on avait d'avance déposé ce qui devait composer la collation.

Pendant que les demoiselles mettent la table, dressent le souper, Frison se pose en faction devant son pâté en s'écriant : — Je ne veux pas que personne autre que moi touche ! je le placerai sur la table quand il en sera temps.

— Mettez-le maintenant, c'est le moment, dit Désirée, puisqu'on sert le souper. — Non..., au dessert. — Comment, est-ce qu'on mange du pâté au dessert?... — Celui-ci ne se mange pas avant...

— A table, messieurs, la main aux dames, dit Amandine... Ah ! non, c'est nous qui conduirons ces messieurs, ce sera plus drôle...

En disant cela, Amandine va prendre la main d'Alexis qu'elle fait asseoir près d'elle. Désirée prend celle de Durozel, et Julienne va chercher Frison, qui s'écrie que ces demoiselles ont beaucoup de penchant pour faire l'homme.

Quand on est à table, on s'aperçoit qu'on n'y a pas conduit M. Grandinet, et Amandine s'écrie :

— Ah ! monsieur, recevez mes excuses...; mademoiselle Hortense, placez donc monsieur près de vous.

Mlle Hortense fait la grimace, cependant elle va présenter sa main au petit monsieur, qui se place à côté d'elle et dont on ne voit plus que la tête quand il est assis, ce qui fait que Frison s'écrie :

— Grandinet, est-ce que tu as ôté tes socques pour souper? — Non, non..., eh! eh! eh! — C'est que tu es bien petit à table; tu aurais besoin de quelque chose sous ton... gros Thomas... Mesdemoiselles, est-ce qu'il n'y aurait pas un coussin..., un gros livre pour mettre sous cet enfant?...

Grandinet ne veut pas souffrir que l'on mette sous lui, et, quoiqu'il soit positivement à table jusqu'au menton, cela ne l'empêche pas d'ouvrir une bouche énorme et de manger comme un ogre. Amandine fait les honneurs du souper, qui ne se compose que de charcuterie et de pâtisserie. Mais Alexis est distrait, préoccupé; il ne mange pas, et sa voisine lui en fait la guerre. Durozel observe son ami et, sans paraître y faire attention, ne perd pas un mot des épigrammes que les grisettes lancent à Alexis au sujet de sa rencontre dans l'escalier.

Frison sert, parle, boit, rit, mange et chante presque à la fois, tout en faisant observer que si son ami Grandinet fait disparaître si lestement ce qu'on lui sert, c'est qu'il y a fort peu de distance entre son assiette et sa bouche.

Mlle Désirée répète à chaque instant : — Mais ce pâté, quand donc goûtera-t-on ce pâté ?... et ce vin de..., de chose..., que M. Frison nous a tant vanté !...

— En effet, dit Amandine, ce serait le moment de le goûter ; cela donnerait peut-être un peu de l'appétit à M. Alexis, qui ne prend rien..., qui vit... de soupirs... et d'espérances !...

— Oh oui, dit à demi-voix Désirée à Durozel, c'est la petite chipie qui gagnera la prime que vous aviez promise..., j'en mettrais mon nez dans le feu. — Qu'est-ce que c'est que la petite chipie ? répond Durozel.

— Eh bien ! c'est la voisine d'au-dessus, Mlle Marguerite, que M. Alexis trouve charmante !...

Durozel est enchanté ; car, en observant Alexis, il lui trouve en effet l'air rêveur, distrait, mais beaucoup moins triste que de coutume, et il commence à espérer un véritable changement.

Cependant Frison est allé chercher son pâté, qu'il pose avec beaucoup de soin au milieu de la table, en disant : — Une minute, il faut d'abord goûter le vin de Constance. Que chacun tende son verre... Y êtes-vous ?... Oh ! n'ayez pas peur, mesdemoiselles, le bouchon ne sautera pas. C'est un vin qui ne mousse jamais.

Tout le monde tend son verre. Frison verse à pleins bords. Le vin est d'une couleur jaune foncé. Chacun boit, puis on se regarde en faisant la grimace.

— Drôle de vin ! dit Julienne. — J'avoue que je ne trouve pas cela bien bon, dit Amandine. — Il a un goût que je reconnais, dit Désirée.

— Monsieur Frison, s'écrie Durozel, c'est tout bonnement du *coco* que vous nous faites boire là !

Pendant que Frison rit et se tortille sur sa chaise, Amandine a pris un couteau et elle enlève la croûte du pâté ; aussitôt une dizaine de souris que l'on y avait enfermées sortent et courent de tous côtés. Alors on n'entend que des cris de terreur ou des éclats de rire ; la plupart de ces demoiselles quittent la table, persuadées qu'elles ont déjà des souris dans leurs robes.

— Monsieur Frison, dit Amandine d'un air presque fâché, c'est une très-mauvaise plaisanterie que vous venez de faire là ; car enfin, vous avez empli ma chambre de souris, et moi qui en ai horriblement peur, je ne sais pas comment je pourrai dormir cette nuit ; si vous ne les rattrapez pas toutes, certainement je ne coucherai pas ici.

— Mademoiselle, ce sont des souris apprivoisées, répond Frison ; soyez sans inquiétude ; on va remettre le pâté par terre, et elles retourneront toutes se placer dedans..., excepté, par exemple, celles que Grandinet a avalées, et j'en ai déjà vu quatre disparaître dans sa bouche...

— Eh ! eh ! eh ! c'est pas vrai ! je n'ai pas mangé de souris, parole d'honneur ! s'écrie le gros nain, en gesticulant sur sa chaise, en se bourrant de tout ce qui se trouve sur la table ; mais, par exemple, j'ai bu du coco !... oh ! ça, j'en ai avalé un grand verre... de confiance.

Pour rassurer Amandine, ces messieurs se mettent à faire la chasse aux souris, qu'ils jettent par la fenêtre lorsqu'ils en saisissent. Enfin, lorsque Frison a juré que l'on avait retrouvé toutes celles qu'il avait mises dans son pâté, Amandine permet à tout le monde de se retirer.

On prend congé de la couturière, ces messieurs en lui promettant qu'elle peut dormir en repos, et les demoiselles en croyant toujours avoir une souris dans leur chemise.

Quant à Frison, il a pris dans ses bras Grandinet, qui restait toujours à table, et le porte jusque sur l'escalier, en lui disant : Ah ! ah ! libertin ! vous ne vous en alliez pas : je comprends votre projet, vous espériez que Mlle Amandine vous aurait prié de lui chercher des souris, cette nuit..., et alors, vous auriez ôté vos socques !... Lovelace ! mais ce ne sera pas pour aujourd'hui.

— C'est égal ! je me suis furieusement amusé ! eh ! eh ! dit le petit homme en descendant l'escalier.

Alexis ne dit rien ; mais au lieu de descendre il aimerait mieux monter, et tout en suivant la société, il jette de fréquents regards au-dessus de lui.

XIV. — UNE VISITE AU CINQUIÈME ÉTAGE.

Durozel s'est emparé du bras de son ami ; il lui tarde d'être seul avec lui pour le questionner sur sa rencontre du soir ; mais Alexis ne lui en laisse pas le temps ; à peine sont-ils sans témoins, qu'il lui raconte ce qui lui est arrivé dans la soirée, sans oublier ce que Mlle Amandine lui a dit de sa voisine du cinquième, et toutes les méchancetés, toutes les conjectures plus ou moins ridicules que les grisettes débitent sur le compte de cette jeune fille qu'elles ont surnommée chipie, parce qu'elle ne va chez personne, ne sort que le soir, et semble fuir toute société.

Durozel a écouté avec attention le récit d'Alexis, il lui répond d'un air indifférent : —

— Après tout, mon ami, que vous disent ces demoiselles d'une personne que vous n'avez vue que deux fois, et que vous ne reverrez peut-être jamais ?

— Que m'importe ?... mais pardonnez-moi, répond Alexis avec feu, je m'intéresse à cette jeune fille..., je lui ai été utile une fois..., elle m'en a témoigné tant de reconnaissance, que... cela m'a touché... Je trouve fort ridicule que Mlle Amandine et ses amies se permettent des propos..., des calomnies sur une pauvre fille qu'elles ne connaissent pas... De quel droit veulent-elles noircir sa conduite..., que leur a-t-elle fait ?... Parce qu'elle ne se soucie pas de recevoir du monde et d'aller passer son temps à bavarder chez ses voisines..., tout de suite on en fait une *chipie*, une personne dont la conduite est louche... Ah ! les femmes sont bien méchantes entre elles : au lieu de se soutenir, de se protéger, c'est à qui se déchirera le plus.

— Oui, cela arrive quelquefois, répond Durozel ; mais ici rien ne vous prouve qui a tort ou raison... ; car enfin, vous ne savez pas non plus ce que c'est que cette... demoiselle du cinquième.

La froideur avec laquelle Durozel semble parler de la jeune fille ne fait qu'irriter encore Alexis, qui s'anime davantage en parlant de sa protégée...

— Ce que je sais, dit-il, c'est que cette jeune fille, Mlle Marguerite, est charmante... ; une figure douce, angélique..., des yeux si beaux et si modestes..., et une voix ..., ah ! si vous entendiez sa voix, Durozel, je suis certain que vous lui porteriez aussi de l'intérêt. Et puis elle s'exprime fort bien ; oh ! je vous assure que ce n'est point le ton leste, hardi d'une grisette... ; moi, je crois que cette jeune personne est bien née... Peut-être a-t-elle perdu tous ses parents..., peut-être est-elle restée sans amis, sans fortune, sans ressource... Elle ne va pas dans le monde, parce qu'elle est malheureuse, et on lui fait un crime de cela... Je ne lui ai parlé qu'à deux fois, cela m'a suffi, à moi, pour deviner qu'elle a dans le fond de l'âme quelque peine..., quelque souffrance... Il me semble que ce n'est pas une raison pour l'appeler *chipie*... *Chipie* !... Je vous demande un peu ce que cela signifie ?...

— Puisque cette jeune fille vous intéresse tant..., vous lui avez sans doute demandé la permission d'aller la voir ?

— Mon Dieu, non, je n'y ai pas pensé..., elle m'aurait sans doute refusé..., si elle ne reçoit personne... ; cependant je vous avoue, mon ami, que je suis bien fâché de ne point lui avoir fait cette demande. Mais à présent, il est trop tard !... Et comme vous disiez tout à l'heure, je ne reverrai peut-être plus cette jeune fille.

— Oh ! si vous en aviez bien envie..., puisque vous savez où elle loge..., ce ne serait pas difficile... ; on va sonner à sa porte..., puis, quand elle ouvre, on feint de s'être trompé d'étage, on s'excuse..., mais on finit ordinairement par entrer. Du reste, ce que je vous en dis, ce n'est pas pour vous engager à le faire..., c'est seulement parce que je me souviens m'être conduit de cette manière de m'être plus d'une fois conduit ainsi. Bonsoir, mon cher Alexis, vous voilà chez vous. Vous verrai-je demain matin ?

— Demain..., je ne sais... Non, demain matin... j'ai une course à faire, mais j'irai vous prendre pour dîner.

— Très-bien, je vous attendrai.

Et Durozel, après avoir serré la main d'Alexis, s'éloigne persuadé que l'on fera usage, dès le lendemain, du moyen qu'il a indiqué pour revoir la jeune fille.

Chez Alexis les passions étaient vives, les sensations spontanées. Il ne lui fallait qu'un instant pour amasser dans son cœur cet attachement, cet intérêt, cet amour, qui chez d'autres n'arrivent que par degrés. Quand on s'enflamme si vite, le feu devrait s'éteindre de même ; mais en amour il n'en est pas toujours ainsi.

La jolie figure, la douce voix de Mlle Marguerite, reviennent sans cesse à la mémoire d'Alexis ; ce que les grisettes ont dit d'elle n'a fait qu'augmenter encore l'intérêt qu'elle lui inspire, et, après avoir passé toute la nuit à y rêver, le jeune homme se lève, en se disant :

— Pourquoi n'emploierais-je pas le moyen que Durozel m'a appris ?... qui m'empêche d'aller frapper à la porte de Mlle Marguerite ?... Si elle a l'air fâchée de me revoir..., eh bien, je saurai que ma présence lui est désagréable. Je m'éloignerai..., et je n'y penserai plus à elle... D'ailleurs, puisque Mlle Amandine qui demeure au-dessous..., je pourrai très-bien dire que je me trompais..., que je voulais aller chez Amandine. C'est cela. Allons, ne soyons pas si timide, puisque toutes ces demoiselles prétendent que cela me fait du tort.

Alexis apporte beaucoup de soin dans sa toilette ; puis, après avoir déjeuné et regardé vingt fois à sa montre dans l'espérance que le temps ira plus vite, il pense qu'à onze heures du matin on peut bien aller faire une visite, et il se rend dans la rue Corbeau.

En arrivant devant la demeure où il a été la veille, le jeune homme sent son cœur battre bien fort et sa résolution s'évanouir. Il craint aussi de rencontrer Amandine dans l'escalier, il ne voudrait pas que l'on sût qu'il est chez la petite voisine, car cela pourrait encore faire jaser sur son compte. Dans son indécision, il se promène quelque temps devant la maison ; mais, enfin, le désir de revoir Marguerite l'emporte sur toute autre considération, et prenant son parti, il entre d'un pas ferme dans sa demeure.

Lorsqu'il passe devant la loge du concierge, Alexis ne sait ce qu'il va dire, mais déjà le portier a souri en l'apercevant, et murmure d'un air malin : —

— Ah ! je sais où monsieur va. — Comment, vous savez... — Pardine ! je devine que de reste... Je reconnais monsieur, il est venu hier passer la soirée chez mamzelle Amandine... — En effet. — Et ce matin, monsieur va faire une petite visite de politesse chez la couturière...; on connaît les usages... Vous pouvez monter, monsieur, mamzelle Amandine est chez elle..., je suppose même qu'elle est seule.

Alexis ne se fait pas répéter cette invitation, il court à l'escalier qu'il monte rapidement. En passant sur le carré du quatrième, devant le logement d'Amandine, il tâche de ne point faire de bruit, et marche bien légèrement, ne posant que la pointe de ses pieds, car, suivant son usage, la jeune couturière avait laissé entr'ouverte la porte de son appartement ; mais en ce moment, comme elle n'était point dans sa cuisine, Alexis passe sans être entendu.

Le jeune homme est arrivé au cinquième étage, il s'arrête devant la porte qui se trouve justement au-dessus de chez Amandine, ce doit être celle de Mlle Marguerite. Alexis éprouve une vive émotion, sa main tremble en tirant le cordon de la sonnette, et cependant il n'hésite plus, il sonne.

On est quelque temps sans ouvrir. Alexis craint déjà d'avoir fait une démarche inutile, il pense que la jeune fille n'ouvre peut-être à personne ; cependant des pas se font entendre, on approche, on ouvre, et il se trouve devant cette jolie fille que les grisettes appellent si méchamment la chipie.

Mlle Marguerite est restée toute saisie en reconnaissant le jeune homme qu'elle a rencontré la veille dans son escalier ; son visage se couvre d'une rougeur subite, puis elle baisse les yeux et semble attendre ce qu'il veut lui dire.

— Pardon, mademoiselle, mille fois pardon, dit Alexis, en cherchant à déguiser son embarras et son mensonge. Hier, je n'ai pas osé vous demander la permission de... de cultiver votre connaissance..., et cependant ce serait un grand plaisir pour moi... si vous vouliez bien m'accorder cette faveur.

Marguerite lève sur le jeune homme des yeux où une expression douce et charmante se mêlait au plus aimable sourire, en lui répondant :

— Monsieur..., je suis bien sensible à l'intérêt que vous me témoignez... De mon côté..., je n'oublierai jamais ce que je vous dois. Mais je ne reçois personne..., aucune visite..., aucun ami..., et je ne puis avoir le plaisir de.. de vous recevoir...

— Mademoiselle, je sais bien que ma demande peut vous paraître indiscrète... vous ne me connaissez pas..., vous ne savez pas qui je suis..., et vous craignez...

— Oh! monsieur, ce n'est pas cela..., je vous connais assez pour savoir que vous êtes honnête... Vous me l'avez prouvé, monsieur..., et il y a des personnes en qui l'on voit tout de suite que l'on peut avoir confiance.

— Vous êtes trop bonne d'avoir de moi cette opinion, mademoiselle ; quant à moi, depuis hier, je n'ai pensé qu'à vous..., je veux dire à notre rencontre..., à ce hasard qui m'a fait vous retrouver dans cette maison..., où je venais pour la première fois...

— Ah ! c'était la première fois que vous alliez chez Mlle Amandine?

— Oui..., je ne connais cette demoiselle que pour l'avoir vue chez une de ses amies..., une fleuriste, chez laquelle on m'a conduit..., un de mes amis..., qui, depuis que je suis à Paris, me promène partout avec lui..., car je ne suis à Paris que depuis quelques mois..., ; je me nomme Alexis Ranville, ma famille est honorable ; mais j'ai perdu de bonne heure mon père et ma mère, il ne me restait que mon aïeul, qui j'ai eu le chagrin de perdre aussi, il y a quelques mois, et alors je suis revenu à Paris où j'avais fait mes études et passé ma plus tendre jeunesse...

— Mon Dieu, monsieur, répond la petite Marguerite en faisant quelques pas en arrière, sans pouvoir laisser dire au jeune homme d'entrer, je n'avais pas besoin de tous ces détails pour être persuadée que l'on ne peut qu'être flattée de vous connaître...; mais je ne...

— Oh! mademoiselle, répond Alexis en faisant deux pas en avant, c'est qu'à Paris, je sais qu'il y a tant d'intrigants..., de mauvais sujets, que l'on doit être bien certain de la probité des personnes que l'on reçoit... Il y a des gens qui savent déguiser ce qu'ils sont, ce qu'ils ont fait..., et ensuite on serait exposé à rougir si l'on avait fait de telles connaissances...

La jeune fille est tout à coup devenue très-pâle, et elle s'est appuyée contre la muraille comme pour ne point tomber.

— Qu'avez-vous, mademoiselle? vous sentiriez-vous indisposée ! s'écrie Alexis en franchissant le seuil de la porte, pour s'approcher de Marguerite, qui semble chanceler.

— Non, monsieur, je n'ai rien, je vous remercie...; c'est comme un étourdissement qui m'a prise, mais il est passé. Monsieur, je suis bien fâchée de ne pouvoir vous engager à entrer, mais...

— Je vais m'éloigner, mademoiselle ; je vais vous quitter, puisque vous ne voulez pas absolument me recevoir...

— Je vous ai dit que je ne recevais personne, monsieur..., sans quoi..., c'eût été avec plaisir..., avec reconnaissance...

— Ah ! de grâce ! ne parlez plus de reconnaissance...; c'est moi plutôt qui vous en devrais !... moi, qui aurais été si heureux... de vous voir quelquefois... Il y a des personnes pour lesquelles on éprouve sur-le-champ de la sympathie..., vers lesquelles on se sent entraîné..., sans pouvoir expliquer...; c'est-à-dire que l'on est tout de suite si bien près d'elles...; mais, du moment que mes visites vous déplairaient...

— Oh ! ce n'est pas cela, monsieur..., j'espère que ce n'est pas là ce que vous avez compris...

— Qu'importe, mademoiselle ? je n'ai pas le droit de me plaindre... Vous ne recevez personne, je sens bien que je ne mérite pas d'être excepté..., veuillez seulement croire à tous mes regrets...

— Monsieur...

Marguerite lève un moment les yeux sur Alexis ; mais elle les rebaisse bien vite, comme si elle eût craint qu'il ne vit dans ses regards toute la peine qu'elle éprouvait à le renvoyer. Le jeune homme fait un profond salut, mais il ne bouge pas de place, et reprend au bout d'un instant :

— Nous avons fait..., c'est-à-dire on a fait beaucoup de bruit hier au soir chez votre voisine d'ici dessous..., cela a dû vous ennuyer.

— Non, monsieur... Je travaillais... J'ai entendu de la musique... On a dansé?

— Un peu... Ces demoiselles sont fort gaies. — C'est ce que j'ai cru voir. — Et cela ne vous a pas donné le désir de vous lier avec elles ? — Non... Je vous ai dit que je ne voyais aucune société. Je ne danse pas, moi..., et, depuis longtemps, je ne chante plus.

Ces derniers mots ont été prononcés d'une manière si triste que le jeune homme se sent tout ému, et faisant encore quelques pas vers celle qui les a prononcés, il se trouve alors être dans l'intérieur d'une petite chambre mansardée qui est bien pauvrement meublée, mais où tout est propre et rangé avec soin.

— Mademoiselle, auriez-vous déjà eu des peines, des chagrins profonds? s'écrie Alexis ; si jeune encore, auriez-vous déjà connu le malheur?

— Oui, monsieur, répond la jeune fille en balbutiant ; mais les peines que j'éprouve..., je ne puis les confier à personne..., il me faut les garder toutes au fond de mon cœur.

— Quel dommage !... il m'eût été si doux de partager les vôtres !... Oh ! c'est que vous m'inspirez tant d'intérêt !... Pardon, mademoiselle, je vous fâche peut-être, mais moi, je dis ce que je pense, je ne sais pas encore déguiser mes sentiments ; aussi dans le monde, où je vais quelquefois, on me trouve niais, ridicule même..., parce que je n'ai pas le talent de dissimuler ce que j'éprouve, de tendre la main aux gens que je n'aime pas, de faire des compliments et des protestations d'amitié dont je ne pense pas un mot. Aussi, mademoiselle, vous pouvez me croire lorsque je vous dis que j'aurais été heureux..., bien heureux de vous être utile...

— Je vous remercie, monsieur ; mais... je... je n'ai besoin que de courage dans mes chagrins..., le temps les adoucira, je l'espère.

— Peut-être avez-vous aussi perdu vos parents ? dit Alexis en jetant des regards autour de lui.

La jeune fille reste quelques temps sans répondre, et balbutie enfin, mais bien bas : — Oh ! non, monsieur..., j'ai encore mon père !

— Votre père !... et il vous laisse vivre seule à Paris?

— Il le fallait, il est... en voyage..., bien loin..., il ne reviendra que dans quelques mois...; mais alors..., oh ! je ne le quitterai plus.

La jeune fille a dit ces derniers mots avec tant d'âme que des larmes ont mouillé ses yeux. Alexis la considère quelques instants, puis lui dit :

— Vous avez votre père, vous êtes plus heureuse que moi. Et, en prononçant ces mots, il se laisse machinalement tomber sur une chaise qui est près de lui, et la jeune Marguerite, le voyant assis, n'ose plus lui dire de s'en aller, et prend le parti de s'asseoir aussi à quelques pas de lui.

Plusieurs minutes s'écoulent, au bout desquelles Alexis, sortant de ses réflexions, s'aperçoit seulement qu'il s'est assis, et s'écrie :

— Mon Dieu ! je vous demande mille pardons, mademoiselle ; je me suis permis de prendre une chaise..., je ne sais vraiment pas à quoi je pensais..., je n'avais pas, je vous le jure, l'intention de rester malgré vous !

— Oh ! je le crois, monsieur !

— Je vais m'en aller... je vais... Vous devez avoir une bien jolie vue ici, mademoiselle ?

— Oui, monsieur... Moi, je demeure au centre de la ville... ; j'aimerais mieux ce quartier ; il est calme, tranquille..., cette rue du moins... ; j'ai bien envie de venir habiter un faubourg..., je suis mon maître... je suis seul..., je puis faire à Paris ce qui me plaît.

— Mais il m'avait semblé, monsieur, que vous aviez des parents ici ; hier au soir, ne m'avez-vous pas dit que vous étiez cousin de ce vilain homme qui m'a parlé dans la rue ?

— Ah ! en effet, mademoiselle, sa femme est ma cousine ; en arrivant à Paris, je croyais les voir souvent ; mais je m'étais trompé, leur société n'a aucun charme pour moi.., le grand monde me plaît peu...;

ma cousine Hélène a été élevée dans un fameux pensionnat..., elle y a pris le goût du luxe, de la coquetterie...

— Hélène ! dites-vous, s'écrie la jeune fille d'un ton fort ému. Votre cousine se nomme Hélène !

— Oui, mademoiselle, Hélène de Brévanne, qui est aujourd'hui mariée à M. de Pomponney, ce monsieur dont vous parliez tout à l'heure.

— Hélène de Brévanne !... reprend la jeune Marguerite, dont l'émotion redouble.

— Oui... Connaîtriez-vous ma cousine ?

— Oh ! non, monsieur, non..., je ne la connais pas..., c'est que je me trompais..., je pensais à quelqu'un..., mais je ne connais pas votre cousine.

La manière dont cette réponse était dite pouvait faire douter de sa sincérité. Cependant Alexis n'avait pas insisté, il se contentait de regarder la personne qui était assise devant lui, et se trouvait si heureux de ce qu'elle voulait bien le souffrir là, qu'il n'osait presque ni parler, ni remuer, de crainte qu'elle ne le priât de nouveau de partir.

Cette situation durait depuis quelques instants. Marguerite semblait absorbée par les souvenirs que le nom d'Hélène avait réveillés dans son cœur, et Alexis était comme ces enfants qui se sont glissés dans une chambre malgré la défense de leur mère, et ne font pas de bruit pour qu'on ne s'aperçoive pas qu'ils sont là.

Tout à coup des pas lents et lourds se font entendre sur l'escalier. A chaque moment ils deviennent plus rapprochés. La petite Marguerite écoute, tressaille ; l'inquiétude, puis l'effroi se peignent tour à tour sur son visage. Bientôt les pas sont si près, qu'on ne peut plus douter de la personne ne vienne au cinquième étage.

— Oh, mon Dieu ! s'écrie Marguerite avec terreur, si c'était... Ah ! partez, monsieur ; partez, je vous en prie... Je ne devais pas vous laisser entrer chez moi.

— Je m'éloigne, mademoiselle, dit Alexis en se levant ; mais vous semblez éprouver une secrète terreur..., et si vous aviez la moindre chose à redouter, certainement je ne vous quitterais pas...

— Non, monsieur, non, je n'ai rien... ; mais de grâce... partez...

La jeune fille n'avait pas achevé ces derniers mots, lorsque les pas s'arrêtèrent devant la porte qui était restée entr'ouverte, puis on la poussa doucement, et un homme parut à l'entrée de la chambre.

C'était un homme grand, maigre, fort mal couvert, dont la barbe n'avait pas été faite depuis plusieurs jours, dont les yeux caves et sombres lançaient des regards à la fois farouches et inquiets ; enfin c'était bien le personnage dont Amandine avait déjà fait le portrait ; il était impossible de ne pas le reconnaître. Mais ce qu'Alexis remarque encore, c'est que malgré son costume misérable, et le peu de soin que cet homme apporte dans toute sa toilette, il ne paraît pas avoir plus de trente ans ; ce n'est donc pas ici que se trouve le père de Mlle Marguerite.

En apercevant Alexis, l'étranger a paru surpris et presque effrayé. Il s'est arrêté sur le seuil de la porte, et ses regards se reportent sur Marguerite, comme pour lui demander ce qu'il doit faire.

— Entrez, monsieur, entrez !..., dit Marguerite d'une voix émue ; puis aussitôt ses yeux se tournent vers Alexis, avec une expression suppliante.

Celui-ci comprend leur langage, et se hâtant de gagner la porte, il passe devant l'homme qui baisse la tête et gagne l'autre bout de la chambre.

Marguerite a suivi Alexis jusque sur le carré ; elle semble touchée de la promptitude qu'il vient de mettre à lui obéir. Là, Alexis, saisissant une main de la jeune fille, la presse fortement dans la sienne, en lui disant à voix basse :

— Je pars, puisque vous l'ordonnez... ; mais cet homme..., vous n'avez rien à craindre, n'est-ce pas ?

— Non, monsieur, non !... — Adieu donc, mademoiselle ; je n'ose pas vous demander la permission de vous revoir..., et pourtant..., maintenant que vous avez bien voulu me recevoir..., quel mal y aurait-il à ce que je ne revinsse encore ?

— Oh !... monsieur..., je ne sais..., je ne puis... ; adieu..., partez..., oh ! ne me retenez pas !

Et la jeune fille est rentrée en refermant la porte sur elle.

Alexis se décide alors à descendre en se disant :

— Je la reverrai, elle ne me l'a pas défendu... Mais quel peut donc être cet homme qu'elle reçoit..., et qui a si mauvaise mine ?... On aurait dit que sa présence effrayait Mlle Marguerite, et pourtant elle m'a renvoyé bien vite... Je crois en effet qu'il y a du mystère dans la conduite de cette jeune fille. Mais ces demoiselles ont beau dire, cela n'empêche pas qu'elle ne soit charmante.

XV. — A MOINS D'ÊTRE UN CATON !...

Alexis avait descendu un étage, il allait passer lestement devant la porte de Mlle Amandine, qui, par extraordinaire, semblait fermée tout à fait, lorsque toût à coup cette porte s'ouvrit brusquement, et la petite couturière, s'élançant sur le carré, barra le passage au jeune homme en s'écriant :

— N'allez donc pas si vite, monsieur ! vous avez aussi des connaissances au quatrième.

Alexis demeure tout interdit, il s'arrête et ne sait que faire ; mais Mlle Amandine, dont le visage est en feu, dont les yeux sont animés par le dépit et la jalousie, ne lui laisse guère le temps de parler, et s'écrie :

— Ah ! on croit que je reçois des visites de messieurs, et c'est chez la petite chipie de là-haut que l'on va... Moi, tout à l'heure je descends pour aller chez ma mercière ; il me fallait du fil d'Ecosse. Ordinairement je fais ma provision rue Saint-Denis, mais étant pressée, je me dis : J'en prendrai une bobine ici près. C'est bien, me voilà descendue... J'allais sortir, mais le portier balayait sa cour, et je m'aperçois qu'il me regarde en riant ; il me fait du suite que je sache pourquoi ; je m'approche de M. Leveau et je lui dis : Pourquoi donc me regardez-vous en souriant, monsieur Leveau ? est-ce parce que j'ai donné une soirée hier ? Mais il me semble que l'on s'est comporté honnêtement, et à minuit et demi tout le monde était parti. Cet imbécile de Leveau continue de balayer en secouant la tête d'un air goguenard, puis il marronne entre ses dents : — Mamzelle sait bien que ce n'est pas ça qui donne du joyeux à ma physionomie ; je me disais seulement : Puisqu'elle sort et que le jeune homme est resté, c'est que le jeune homme garde sa chambre probablement. — Le jeune homme, m'écriai-je en saisissant le balai du portier. Qu'est-ce à dire, monsieur Leveau ? De quel individu parlez-vous ? Je vous ordonne de vous expliquer. — Je parle, me dit-il, du jeune monsieur qui est monté chez vous il y a un bon quart d'heure, et que j'ai reconnu pour un de ceux que vous avez reçus hier au soir. Comme personne n'est venu chez moi ce matin, j'ai dit à Leveau : — Ou vous avez la berlue, ou ce jeune homme s'est moqué de vous ; mais je saurai la fin de l'histoire. Soudain une idée me frappa, je me rappelai toutes vos questions d'hier au sujet de ma voisine..., qui m'a dit à Leveau que vous étiez allé chez la jeune chipie..., quoiqu'elle ne le soit pas du tout... ; car elle n'est pas jolie..., la voisine du cinquième !...

— Mademoiselle, ne parlez pas si haut, de grâce ! dit Alexis en regardant en l'air.

— Je veux parler haut, moi, monsieur, dit Amandine en élevant encore la voix ; je veux crier même, j'en suis bien la maîtresse ; je paye mon terme, on n'a rien à me dire... ; le carré est à moi..., la moitié, au moins..., et je suis sur mon terrain... Pour en revenir à la petite chipie...

— Oh ! mademoiselle, c'est fort mal ce que vous faites là !... si vous voulez me parler, entrons chez vous, il me semble que cela vaudra mieux.

C'était justement là que Mlle Amandine voulait en venir ; mais elle n'osait pas en faire la proposition, et pour décider Alexis à prendre ce parti, elle criait encore plus fort :

— Oui, monsieur, la petite chipie ! je ne suis pas la seule qui lui donne ce nom-là...

Alexis n'en écoute pas plus, il entre précipitamment chez la jeune couturière, et ne s'arrête que dans la troisième pièce, d'où il espère qu'on n'entendra pas Mlle Amandine ; celle-ci se hâte de le suivre ; mais ce qui peut paraître plus singulier, c'est qu'elle referme sur elle la porte de son carré.

Revenue près d'Alexis, Mlle Amandine ne crie plus, elle change de ton ; c'est d'un air ému, d'une voix dans laquelle il y a des larmes, qu'elle reprend son discours :

— Je me suis doutée que, sans venir chez moi, vous étiez monté chez..., cette demoiselle du cinquième. Alors, au lieu d'aller chercher du fil d'Ecosse, j'ai bien vite remonté chez moi ; je me suis tenue en embuscade derrière ma porte, dans laquelle, d'ailleurs, j'ai pratiqué deux trous pour voir sur le carré... ; c'est quelquefois commode, quand on ne veut pas ouvrir. J'attendais depuis longtemps, quand j'ai vu monter un homme..., ce vilain homme si mal mis, qui est déjà venu l'autre fois, et qui m'avait fait peur. Je me suis dit : Si M. Alexis est chez... cette demoiselle, nous allons voir ce que cela va devenir. En effet, vous y étiez, et vous avez cédé la place au nouveau-venu..., c'est très-complaisant de votre part. Vous voyez, monsieur, que je ne vous avais pas trompé en vous disant que ma voisine recevait des hommes, et quels hommes !... Vous avez pu en juger ; mais il est vrai que vous y allez aussi, et cela fait compensation.

— Eh bien ! mademoiselle, dit Alexis qui a repris tout son sang-froid depuis qu'il ne craint plus qu'on entende Amandine. Quand je serais allé chez votre voisine..., quel mal y a-t-il, et ne suis-je pas mon maître ?

— Quel mal, monsieur ? mais d'abord, c'est fort vilain d'avoir dit au portier que vous veniez chez moi, tandis que vous n'y veniez pas..., ça fait croire des choses qui ne sont pas.

— Mademoiselle, je n'ai pas parlé de vous, j'ai prononcé votre nom chez le portier ; c'est lui qui, en me voyant, s'est écrié : Ah ! je sais où monsieur va !... Alors je n'ai rien répondu et je suis monté.

— Quel imbécile que ce Leveau ! mais c'est égal, monsieur, c'est très-mal ; car enfin, si je ne vous avais pas arrêté au passage sur le carré, vous ne seriez pas entré chez moi..., est-ce vrai ?

— Mais... oui, mademoiselle.

— Et vous osez en convenir ! ah ! c'est affreux !... vous conduire ainsi..., me tromper de la sorte !... Savez-vous, monsieur, que votre procédé est bien vilain ?

— Comment, mademoiselle?... je ne comprends pas d'où vient vôtre courroux, et en quoi j'ai mérité vos reproches...
— Vous ne comprenez pas!... voilà qui est joli! c'est-à-dire que vous feignez de ne pas comprendre...; faire la cour à une femme, se faire aimer d'elle, lui faire croire qu'on l'adore, et puis ensuite passer devant sa porte sans entrer, et cela pour aller sans doute en conter à sa voisine... C'est indigne!... et voilà pourtant comme vous vous conduisez avec moi!

Alexis ouvre ses grands yeux et fixe sur Amandine des regards étonnés en murmurant :
— Quoi, mademoiselle, je vous ai fait la cour..., moi!...
— Si vous m'avez fait la cour!... ah! j'aime beaucoup cette demande! Eh! bien, monsieur, hier au soir, vous n'avez pas fait autre chose... D'abord, depuis quelque temps, chez Julienne, c'était toujours à moi que vous parliez de préférence, et toutes ces demoiselles l'ont remarqué. Mais hier n'êtes-vous pas resté sans cesse à côté de moi..., me parlant bas, me regardant toujours?... cela sautait aux yeux de tout le monde...
— Mais, mademoiselle... — Et pour danser, n'est-ce pas moi que vous avez choisie?...
— Ah! mademoiselle, c'est-à-dire que c'est vous... — Et pour valser, vous ne m'avez pas quittée..., et vous me serriez contre votre cœur... Je ne vous disais rien, parce que ça me faisait plaisir...; mais je rougissais..., j'étais cerise..., toutes ces demoiselles me l'ont dit...; enfin, au souper, vous étiez encore contre moi, vos genoux touchaient les miens...
— Mademoiselle, je me reculais toujours, et c'est vous...
— Monsieur, ce n'est pas beau de tromper une femme à ce point-là...; votre air candide, il faut que vous soyez déjà bien perfide!... Il est impossible de chercher à se faire aimer mieux que vous ne l'avez fait hier, et lorsque je me laisse séduire par une conduite aussi tendre, lorsque je me sens entraînée vers vous..., quand... quand je vous aime, enfin, vous voulez nier que vous m'ayez fait la cour... Ah! monsieur Alexis, je n'aurais jamais cru cela de vous!

A la fin de son discours, la jeune couturière laisse échapper deux ruisseaux de larmes qui avaient attendu le dernier mot pour se faire jour, et qui sont accompagnés de violents soupirs, de mouvements nerveux, de tremblements, de gémissements, enfin, de tout ce qui est susceptible d'attendrir le cœur le plus endurci.

Alexis n'avait jamais assisté à un tel spectacle ; la vue d'une jeune fille qui pleure, qui se désole parce qu'il ne veut pas l'aimer, produit sur ses sens un effet inconnu. Il se sent ému, agité, d'autant plus que Mlle Amandine avait le talent de pleurer sans faire la grimace, qu'au contraire elle paraissait encore plus jolie, que sous ses larmes ses yeux jetaient un feu bien éloquent, et que, dans ses mouvements nerveux, elle avait jeté de côté son fichu et défait plusieurs agrafes de sa robe.

Cependant Alexis restait troublé, tremblant, près de la jeune fille ; il ne savait comment la consoler, lorsque, tout à coup, Amandine pousse un cri de désespoir, en s'écriant :
— Ah! c'est fini! je veux mourir!

Et vous croyez peut-être qu'elle va ouvrir sa fenêtre; mais non, c'est dans la petite pièce noire du fond, dans l'espèce de cabinet qui ne contient que son lit, que Mlle Amandine est allée se précipiter.

Alexis, effrayé par le ton avec lequel la jeune fille vient de parler et ne sachant pas ce que contient la chambre noire dans laquelle elle vient de disparaître, court après la couturière, qu'il croit en train de se percer le cœur avec quelque lame de couteau, et n'est pas peu surpris de ne rencontrer sous sa main qu'un lit sur lequel il trébuche parce qu'il ne voit pas clair.

Je ne vous dirai pas positivement ce qui se passa dans le cabinet et de quelle façon le jeune homme s'y prit pour calmer le désespoir de Mlle Amandine, mais la séance fut longue; quand on ne voit pas clair, on doit mettre plus de temps pour s'expliquer; et lorsque enfin on sortit du cabinet, les rôles étaient changés. Amandine ne pleurait plus, elle était tendre, amoureuse, le bonheur brillait dans ses yeux ; Alexis, au contraire, semblait tout repentant, tout chagrin, et de gros soupirs s'échappaient à chaque instant de sa poitrine.

— Eh bien! monsieur, dit Amandine, voyons..., est-ce que vous allez vous désoler à présent..., puisque vous dis que je vous pardonne..., que je vous aime... toujours..., que je vous aime bien plus encore!..., êtes-vous satisfait!
— Oh non! voilà Alexis en se laissant aller sur une chaise et passant sa main sur son front. Je suis désolé..., oui, je suis très-fâché de ce que j'ai fait!
— Par exemple! voilà qui ne s'est jamais vu! Comment, monsieur, il faut encore que ce soit moi qui vous console! dit Amandine en passant son bras autour du cou d'Alexis... Mais, encore une fois, puisque je te pardonne...
— Et moi, je ne me pardonne pas..., car vous croirez que je vous aime, et vous aurez tort!
— J'aurai tort!... j'aurai tort! s'écrie Amandine en tortillant une main d'Alexis. Qui donc aimez-vous, monsieur? nommez-moi ma rivale, que je la tue... Oh! si j'ai bien deviné..., c'est Mlle Marguerite, sans doute...; alors je mets le feu chez elle, je la rôtis...; je brûlerai peut-être ensuite, ça m'est égal.

Alexis s'aperçoit qu'il a été imprudent, maladroit; que, dans sa situation, mentir est au moins une obligation; tâchant de réparer sa faute, il s'efforce de sourire, et presse la main d'Amandine en lui disant :
— Pardonnez-moi! je ne savais pas ce que je disais..., c'est le bonheur..., le plaisir qui me troublaient la tête...
— Ah! à la bonne heure..., vous voilà plus gentil... Vous m'aimez bien, n'est-ce pas?
— Oui..., oui..., c'est convenu! — Comment, convenu? — Je veux dire que c'est une chose que vous savez. — Vous m'aimerez toujours...
— Oh! tant que vous voudrez... — Mais je veux que ce soit toujours, moi. — Oui, mademoiselle... — Comment, mademoiselle! on dit: Oui, ma bonne amie. — Eh bien..., ma bonne amie. — Et vous n'en aimerez pas d'autre? — C'est Durozel qui en est cause!... — De quoi?... que me parlez-vous de M. Durozel, quand je vous défends de faire la cour à d'autres femmes? — Ah oui..., je me trompais..., je ne lui ferai pas la cour... — Je ne lui ferai pas..., à qui pensez-vous en ce moment? — Mais je ne sais pas! je répète ce que vous me dites. — Je vous défends surtout d'aller ici dessus..., chez Mlle Marguerite..., vous me le promettez... Eh bien! vous ne répondez pas?... — Mais il est assez inutile que je vous promette cela; puisque cette demoiselle ne veut recevoir personne..., à quoi me servirait d'y aller? — Mais il me semble pourtant qu'elle vous a reçu aujourd'hui, et vous y êtes resté assez longtemps même, et sans l'homme déguenillé, vous y seriez peut-être encore... Que faisiez-vous donc chez elle? voyons, mauvais monstre, répondez. — Mais... rien..., je causais... — Ah! vous causiez, voyez-vous cette petite sucrée, qui dit qu'elle ne veut pas dans le monde, parce qu'elle ne veut voir personne. Il paraît que ce ne sont que les voisines qu'elle ne veut pas voir... Eh bien, monsieur Alexis, où allez-vous donc? pourquoi prenez-vous votre chapeau? — Parce que je vais m'en aller... — Déjà?— Mais il y a longtemps que je suis ici. — Ah! le temps vous a paru long! — Non..., mais... j'ai des courses à faire. — Vous seriez moins pressé, peut-être, si vous étiez au-dessus... — Ah! mademoiselle!... — Eh bien, j'ai tort..., je ne veux plus vous parler de la voisine, je vous le promets. Mais vous reviendrez bientôt me voir, n'est-ce pas? — Oui..., bientôt ; adieu, mademoiselle! — Encore mademoiselle! vous ne voulez donc pas vous corriger?... — Adieu..., ma bonne amie. — Ah! c'est bien heureux!... Est-ce que vous allez partir comme cela?... Voyons, embrassez-moi donc... Mon Dieu! il faut que je lui dise tout!

Alexis embrassé Amandine, puis il gagne la porte de sortie ; mais la jeune couturière le suit ; elle est en même temps que lui sur le carré, et là elle lui dit, en élevant la voix :
— Adieu, mon bon ami, embrasse-moi donc encore!...
— Mais prenez garde, vous allez vous compromettre, répond Alexis à voix basse.
— Qu'est-ce que cela vous fait?... si ça m'est égal de me compromettre! crie Amandine. Eh bien! vous ne voulez pas m'embrasser?

Le jeune homme, pressé de mettre fin à cette conversation, se décide à embrasser sa nouvelle conquête, comme quelqu'un qui se hâte de se débarrasser d'une corvée, puis, courant à l'escalier, il descend quatre à quatre, et sans s'arrêter.

Mais Amandine s'est penchée sur la rampe, et elle lui crie, lorsqu'il est en bas : — Alexis! tu viendras demain de bonne heure..., entends-tu?...

Le jeune homme se met à courir sans lui répondre, et Mlle Amandine, après avoir jeté un regard de triomphe sur le cinquième étage, rentre chez elle en se disant : Si la voisine est chez elle, à moins d'être sourde, elle doit m'avoir entendue.

Puis la couturière tire sa porte sur elle, de manière à faire trembler toute la maison.

XVI. — SCÈNES DE FEMMES.

Alexis s'empresse d'aller retrouver Durozel; c'est toujours à son amitié, à son expérience qu'il a recours dans les moments difficiles. Les vrais amis, ceux qui ne nous flattent pas, ceux qui nous disent tout franchement quand nous avons fait une sottise, sont pour nous comme les tisanes amères bonnes pour la santé; on les buvant nous jurons de n'en plus reprendre ; mais nous y revenons bien vite quand nous sommes malades.

En voyant son jeune ami, Durozel se doute qu'il y a du nouveau ; mais comme la physionomie d'Alexis annonçait plus d'impatience de parler que de tristesse, il ne s'alarme pas et lui dit en souriant :
— Vous avez quelque chose à me conter ? — Oh oui, mon ami! j'ai bien des choses à vous dire. — Je m'en doute. — Vous ne pouvez pas vous douter de tout ce que j'ai fait aujourd'hui! — Peut-être. — D'abord je gage que vous avez été voir cette jeune fille d'hier au soir... Mlle Marguerite?
— Oui, mon ami, en effet..., je vous avouerai même que, pour m'introduire chez elle, je me suis servi du stratagème que vous m'aviez indiqué.
— C'est bien ce que j'espérais en vous le disant. Avez-vous été reçu?
— Sur le carré d'abord ; mais petit à petit, je ne sais pas comment

cela s'est fait..., je me suis trouvé chez elle, dans sa chambre, assis à ses côtés... Ah! que j'étais heureux!... que le temps passait vite!... Je crois que je serais encore près d'elle s'il ne lui était pas arrivé une visite, un homme... dont l'extérieur annonce la misère; il semblait avoir à lui parler en secret..., et je suis parti...; mais je lui ai demandé la permission de retourner la voir; elle ne me l'a ni accordée ni refusée...

— Alors, c'est comme si elle vous l'avait accordée.

— C'est bien ce qu'il me semble. Aussi je m'en revenais bien heureux, bien satisfait, et le cœur rempli d'espérance! lorsque, sur le carré de l'étage au-dessous...

— Vous avez rencontré Amandine, probablement?

— Hélas! oui... Croiriez-vous qu'elle me guettait..., qu'elle m'a fait une scène sur l'escalier..., qu'elle prétend que je lui ai fait la cour..., moi, qui n'y songeais pas...

— C'était une manière détournée de vous engager à la lui faire.

— Pour que Mlle Marguerite ne nous entendît pas parler, je suis entré chez Mlle Amandine, et là... Ah! mon ami, je n'oserai jamais vous dire le reste! — Ah, mon Dieu! c'est donc bien terrible? — Oh! c'est... c'est bien pis! — Dites toujours, je m'attends à beaucoup de choses...

— Mlle Amandine a commencé par pleurer!...

— Très-bien! Quand les femmes pleurent, c'est pour être consolées.

— Elle m'a dit qu'elle m'aimait..., que je l'avais séduite...Vous savez bien, Durozel, que je n'y ai jamais pensé!... que je n'ai rien fait pour cela.

— Eh! mon ami, c'est toujours quand on ne fait rien pour cela qu'on séduit les femmes. Donnez-vous beaucoup de mal pour leur plaire, et je vous réponds que vous ne les séduirez pas... Enfin?

— Enfin... Amandine pleurait beaucoup..., elle me regardait en poussant de gros soupirs... Moi, je ne puis pas voir de sang-froid pleurer une femme...

— Surtout quand elle est gentille, je le conçois.

— J'étais très ému..., tout bouleversé... Bref, mon ami..., je ne sais pas comment cela s'est fait..., mais je suis devenu... l'amant de Mlle Amandine.

— Ah! ah! ah!... Et c'est à ce qui vous semble une chose si terrible?... beaucoup de gens envieraient le malheur qui vous est arrivé!

— Et moi, je vous répète que j'en suis fâché, très-fâché!... car je n'ai pas du tout d'amour pour Amandine.

— Qu'est-ce que cela fait?... Tous les jours on a une maîtresse pour laquelle on n'a point d'amour.

— Moi, je ne comprends pas cela; car, maintenant, je trompe Amandine en lui disant que je l'aime, et pourtant elle me force à le lui dire; je ne sais pas comment cela se fait, mais elle en vient toujours à bout.

— Vous ne la trompez pas, puisque c'est elle qui vous a presque forcé d'être son amant.

— Oh! c'est égal..., je suis désolé de cela; car non-seulement je ne suis pas amoureux d'Amandine, mais c'est que j'en aime une autre de toutes les forces de mon âme!

— Vraiment?... Ah oui..., c'est juste..., je l'avais oublié..., vous adorez votre cousine Hélène.

— Hélène!... Oh non, non, Durozel, ce n'est plus Hélène que j'aime..., je ne pense plus du tout à ma cousine... Maintenant je ne comprends même pas comment j'ai pu en être si longtemps amoureux...

Mon Dieu, quelle sottise!... aimer une femme qui se moquait de moi..., une femme qui tournait ma constance en ridicule... Oh! ce n'est pas Marguerite qui ferait cela!... Marguerite!... si jolie, si vertueuse!... car je suis sûr qu'elle est vertueuse, ou alors il ne faudrait plus se fier à aucune physionomie; et on a beau dire, mon ami, la physionomie ne trompe pas! notre âme se reflète dans nos yeux. Aussi, je sens que j'adore cette jeune fille, que c'est un amour vrai, un sentiment qui ne finira qu'avec ma vie... Mais ma cousine... Ah! ce n'est qu'une coquette! et maintenant je la vois ce qu'elle est..., toujours belle, toujours séduisante...; mais je l'admirerai comme on admire une statue, une peinture, et tous ses charmes ne feront plus battre mon cœur.

Durozel saute au cou d'Alexis, l'embrasse avec effusion, et s'écrie: — Ah! sapredié! nous voilà donc comme je le voulais... Vous rappelez-vous ce que je vous dis un soir au café, en sortant de chez votre cousine?

— Ma foi..., tout au plus. — Je vous promis de vous faire aimer de Mme de Pomponney.

— Oui, en effet je m'en viens. — Il ne fallait rien moins que cette promesse alors pour vous faire consentir à vivre...; eh bien, je vous la renouvelle aujourd'hui. — Je vous en relève..., je ne tiens plus du tout à être aimé de ma cousine. Je vous répète que ce n'est plus elle qui m'occupe. — Oh! n'importe..., et la scène du bal, et le singe avec lequel on vous a fait danser...; la mystification dont vous avez été la victime...; il vous faut une vengeance, mon ami..., et vous l'aurez... Maintenant que vous n'êtes plus amoureux de votre belle cousine, le reste ira tout seul.

— Mais encore une fois, Durozel, ne me parlez plus d'Hélène!... Je lui pardonne tout ce qu'elle m'a fait... — Et moi, je ne lui pardonne pas. Qu'une femme trompe un homme..., c'est permis; mais qu'elle le bafoue, qu'elle s'en serve comme d'un jouet pour divertir sa société! voilà ce que nous ne devons pas souffrir, mon cher ami, parce qu'ensuite cela irait trop loin!... Avec les femmes on ne sait jamais où les choses s'arrêteront.

— Durozel..., avez-vous fini? Voulez-vous m'écouter maintenant?

— Vous allez me parler de Mlle Marguerite; allez, je vous écoute.

— Eh! sans doute, je vais vous parler de cette jeune fille... Celle-là mérite tout mon amour... oh! j'en suis bien certain.

— Je n'en suis pas aussi certain que vous; mais n'importe, il n'y a aucun mal à ce que vous l'aimiez... Les hommes sont si heureux! ils peuvent porter leur cœur où ils veulent, et le reprendre ensuite, ça ne les compromet pas; tandis qu'une femme, il faut qu'elle sache à qui elle a affaire, sans quoi elle joue très-gros jeu...

— Durozel, vous êtes terrible aujourd'hui avec vos réflexions.

— C'est que je voudrais vous donner mon expérience. Mais je n'en ferai plus; parlez.

— D'abord, si vous connaissiez cette jeune fille, vous en auriez aussi bonne opinion que moi. Elle s'exprime très-bien, elle a de bonnes manières, elle a été bien élevée; cela se voit tout de suite : elle doit appartenir à une honnête famille à laquelle il sera arrivé de grands malheurs.

— Voilà un roman tout fait. Mais cet homme de mauvaise mine qui va chez cette demoiselle..., cet homme, le seul qu'elle reçoive, dit-on, comment expliquerez-vous cette singulière société?

— Je ne sais... Après tout, on peut avoir une redingote percée, et

Il aperçoit devant lui Frison et Grandinet. Le premier est un peu gris. — Page 44.

être un fort honnête homme ! Au reste, je pense aussi qu'il y a quelque chose de mystérieux..., qu'il y a un secret dans la vie de la jolie Marguerite ; est-ce une raison pour penser du mal d'elle !... Je ne la connais que depuis bien peu de temps ; mais, plus tard, lorsqu'elle verra que je suis digne de sa confiance, elle m'apprendra sans doute tous ses malheurs. Mon seul espoir était de la revoir, de chercher à obtenir... son amitié... Mais voyez quelle est ma position maintenant : pour aller chez Mlle Marguerite, il me faut passer devant la porte d'Amandine... ; celle-ci est jalouse..., très-jalouse de sa voisine..., elle est capable de m'attendre, de me guetter..., de m'empêcher de monter au cinquième, ou bien de crier, de faire une scène dans l'escalier... Alors Mlle Marguerite saura que je suis l'amant de sa voisine..., et j'en serais désolé, car quand je lui dirai que c'est elle..., elle seule que j'aime, elle ne voudra plus me croire... Ah ! mon ami, vous voyez bien que ma situation est cruelle, et que j'avais raison de me désoler de ce qui m'est arrivé.

— Calmez-vous. Je conviens que vous pourrez quelquefois vous trouver dans l'embarras, mais avec de l'esprit on se tire toujours d'affaire.

— Ah ! Durozel, je n'ai pas d'esprit, je n'ai que de l'amour.

bravez la colère de la jalouse couturière ; mais prenez garde ! les grisettes ont toujours mille ruses toutes prêtes pour se venger d'une rivale !

Alexis ne dit plus rien ; il réfléchit, il cherche, il est inquiet, il a de l'humeur, et la gaieté de Durozel l'augmente encore ; mais celui-ci est si content de le voir guéri de sa passion pour Mme de Pomponney, qu'il n'est nullement disposé à prendre au sérieux sa situation avec Amandine.

Alexis ne veut accompagner son ami ni en société ni au spectacle ; il le quitte le soir, et rentre chez lui pour penser à Marguerite ; un nouvel amour donne toujours beaucoup d'occupation, et Alexis ne savait pas aimer à demi.

Le lendemain, aussitôt après son déjeuner, le jeune amoureux se dirige vers le faubourg du Temple ; il passe sans s'arrêter devant la demeure de Julienne, et gagne la rue Corbeau. Arrivé devant la maison où demeurent sa nouvelle maîtresse et sa nouvelle passion, Alexis s'arrête en se disant :

— Faut-il entrer ?... faut-il me risquer ?

Après plusieurs minutes d'hésitation, il entre dans la maison et se trouve nez à nez avec le portier, qui balayait sa cour. M. Leveau était fort

Alors on n'entend que des cris de terreur ou des éclats de rire. — Page 56.

— Vous êtes trop modeste ; je sais mieux ce que vous valez que vous-même. D'ailleurs, mon cher Alexis, l'amour doit rendre ingénieux. Il est vrai que vous avez affaire à forte partie ; car Amandine est fine, rusée ; elle est femme dans toute la force du terme ; mais elle est amoureuse de vous, et elle sera encore fort heureuse de croire ce que vous voudrez bien lui dire.

— Vous qui êtes si adroit, Durozel, ou qui du moins savez si bien comment vous tirer d'affaire, quel moyen emploieriez-vous demain..., car je veux revoir Marguerite demain ! quel moyen pour monter chez elle, sans être vu d'Amandine, qui laisse toujours sa porte entr'ouverte ?

— Quel moyen ?... Parbleu ! les plus simples sont toujours les meilleurs : j'attendrais, pour entrer dans la maison, qu'Amandine fût sortie, et, pour cela, je la guetterais dans la rue.

— Fort bien ; mais si Amandine ne sort pas de la journée ? elle en est capable..., d'autant plus qu'elle espère que j'irai la voir.

— Alors j'attendrais au lendemain. — Et si elle ne sort pas le lendemain ? — J'attendrais encore... — Ah ! vous me faites mourir avec vos continuelles attentes !... — Alors, mon cher ami, trouvez un autre moyen..., ou montez hardiment sans vous arrêter au quatrième, et

propre, il balayait presque toute la journée ; mais les locataires prétendaient qu'il ne faisait cela que pour trouver l'occasion de parler avec toutes les personnes qui entraient dans la maison ou en sortaient.

M. Leveau repousse en arrière de sa tête un bonnet de soie noire qui avait été fait avec les hauts de plusieurs bas, et qui retombait sans cesse sur ses yeux. Il regarde Alexis d'un air malin en murmurant :

— Cette fois-ci, chez laquelle allez-vous ?... car maintenant je ne serai pas si bête !... Je sais que vous en connaissez à deux étages !... Hé ! hé !

Alexis s'arrête, la question du portier le contrarie : il est sur le point de se fâcher, mais il sent que ce serait maladroit, et, portant la main à sa poche, il en tire deux pièces de cinq francs qu'il présente à M. Leveau, en lui disant :

— Est-ce que cela ne vous est pas indifférent que j'aille chez l'une ou chez l'autre ?

Le portier, qui a paru un moment asphyxié par la vue des deux pièces de cinq francs, fait un salut jusqu'à terre, pendant lequel son bonnet, beaucoup trop large, lui retombe sur le visage, au point que n'y voyant plus clair, M. Leveau saisit au hasard son nez, et semble vouloir faire un mouchoir de son bonnet de soie. Enfin, étant parvenu à dépêtrer sa figure de ce nouveau masque, il s'écrie :

— C'est-à-dire, monsieur, que vous pouvez circuler dans toute la maison, depuis la cave jusqu'au grenier..., je vous en laisse la liberté. Je vous reconnais pour un homme comme il faut..., au premier chef. Allez voir vos petites amies !... Ça ne me regarde plus...

— Très-bien. En ce moment, Mlle Amandine est-elle chez elle ? — Elle y est. — Et Mlle Marguerite ? — Elle y est, idem, comme on dit chez le traiteur..., un idem à la sauce..., hé ! hé ! — Monsieur Leveau ? — Ah ! monsieur sait mon nom..., j'en suis honoré. — Je l'ai su par Mlle Amandine... — Elle sait tous les noms du quartier. — Si... si, par hasard, Mlle Amandine vous demandait si vous m'avez vu venir dans la maison..., ne dites jamais que vous m'avez vu. — Compris..., je ne le dirai jamais... Fiez-vous à moi ! Leveau est incapable de vous faire du mal.

Alexis gagne l'escalier, fort satisfait d'avoir mis le portier dans ses intérêts. C'est chez Marguerite qu'il veut aller, et, tout en montant, il se dit :

— Pourvu qu'Amandine ne me voie pas ?

Arrivé au troisième étage, il ne pose plus son pied qu'avec précaution sur les marches de l'escalier ; il s'y prend si bien, qu'il est impossible d'entendre ses pas. Parvenu au quatrième, il lui semble que la porte de la jeune couturière est fermée ; il est enchanté de cette circonstance, et se glissant comme un sylphe sur le carré, il a déjà dépassé la porte fatale et va mettre le pied sur les marches de l'étage supérieur, lorsqu'il se sent retenu par sa redingote.

Alexis se retourne, il aperçoit Amandine qui est sortie de chez elle comme une fusée, et qui, tout en le tenant par sa redingote, lui dit d'un air moitié riant, moitié colère :

— Où donc allez-vous, mon bon ami ?

— Mais... je... j'allais chez vous...

— Ah ! c'est qu'on aurait cru que vous passiez ma porte.

— Je suis très-distrait, tous ces carrés se ressemblent...

— C'est gentil ; mais je suis bien aise de m'être trouvée là pour vous empêcher de faire d'autre méprise. Allons, venez, bel étourdi !

Et Mlle Amandine, qui n'a pas lâché le pan de la redingote, pousse Alexis devant elle, le fait entrer dans son appartement, et en referme la porte avec fracas.

Le pauvre Alexis est entré, et il veut tâcher de ne point paraître contrarié ; il s'efforce d'être gai, aimable, mais la jolie grisette est trop fine pour s'y tromper, et, au bout de quelque temps, elle lui dit avec un sourire ironique :

— Savez-vous, mon bon ami, que vous êtes bien léger, bien aérien, en montant un escalier ? — Pourquoi cela ? — C'est que vous ne faites pas plus de bruit qu'un chat ! — Je n'aime pas à faire du bruit. — Oh ! vous avez raison ; marcher sur les pointes c'est plus fashionable. C'est bien chez moi que vous montiez, n'est-ce pas ? — Sans doute... — À la bonne heure. C'est que si je croyais le contraire, j'irais arracher les yeux à la voisine d'ici-dessus ; j'inventerais de vilaines choses pour la vexer. — Mademoiselle !... — C'est très-mal ce que vous dites-là... Cette jeune personne ne vous a rien fait, et je ne comprends pas pourquoi vous lui en voulez tant ! — Mademoiselle !... — Voyez-vous comme monsieur prend tout de suite les grands airs quand on parle de la petite chipie... Oh ! vous l'aimez, j'en suis sûre !

Et la grisette se met à pleurer, c'est son grand moyen quand elle veut émouvoir Alexis ; elle a constamment des larmes à son service, et elle sait les employer si à propos, que cela produit toujours l'effet qu'elle a espéré.

Lorsqu'Amandine a employé tous ses moyens de consolation, il prend congé d'Amandine, qui ne manque pas de le reconduire sur le carré, de le regarder descendre l'escalier, et de lui parler tant qu'elle peut l'apercevoir.

Le jeune homme s'en va très-contrarié, il peste, il murmure en passant devant M. Leveau, qui lui fait un signe d'intelligence en s'écriant : — Soyez tranquille, je ne dirai pas que vous êtes venu !

— Me voilà bien avancé ! se dit Alexis lorsqu'il est dans la rue ; je n'ai pu aller chez Marguerite ! Amandine me guettait, bien certainement... Je me rappelle maintenant qu'elle a mis deux trous à sa porte pour voir ce qui se passe sur son carré. Mais demain serai-je plus heureux ?... Que je suis donc fâché d'avoir fait la conquête de cette couturière !

Le lendemain, Alexis revient plus tard dans la journée ; il se flatte qu'Amandine sera sortie, mais elle est chez elle. Il monte en employant les mêmes précautions que la veille, et il est encore saisi au passage, et c'est au quatrième qu'il est obligé de rester tout le temps qu'il aurait voulu passer au-dessus.

Plusieurs jours s'écoulent, et Alexis ne peut parvenir à arriver jusqu'à cette jolie fille qu'il brûle de revoir, car, ainsi que c'est l'ordinaire, les obstacles qu'il rencontre ne font qu'irriter ses désirs.

— Mlle Amandine sort-elle donc toujours chez elle maintenant ! s'écrie Alexis avec humeur, en recevant la réponse ordinaire du portier.

— Il est certain, répond M. Leveau, que cette demoiselle devient bien attachée à ses foyers. Elle ne sort plus. — Mais pour son déjeuner, son dîner, quand donc fait-elle ses emplettes ? — Elle n'y va plus elle-même, elle m'envoie prendre le menu à la vacherie... Je fais toutes ses commissions domestiques. — Si vous refusiez de les faire ?

— Je n'en ai pas le droit ; d'ailleurs, elle en enverrait un autre, v'là tout !

Alexis commence à trouver Mlle Amandine fort ennuyeuse. Il se lasse d'aller chez elle, il s'y déplaît et ne la console plus quand elle pleure. Une autre femme se fâcherait, bouderait, renoncerait à guetter sans cesse un homme qu'elle est contrariée d'inspirer tant d'amour ; mais la jeune couturière paraît décidée à tout braver pour empêcher Alexis de revoir la petite Marguerite !

— Si Amandine ne veut plus sortir afin de rester en sentinelle sur son carré, dit un jour Alexis au portier, est-ce que Mlle Marguerite fait de même ? est-ce qu'elle ne met pas le pied dehors ?

— Pardonnez-moi, dit M. Leveau, la demoiselle du cinquième va elle-même à ses provisions de bouche ; mais c'est le soir qu'elle prend l'air. — Le soir, à quelle heure à peu près ? — Vers huit heures. — Bon, je l'attendrai dans la rue, dit Alexis, et si je ne puis lui parler chez elle, au moins je la verrai dehors.

Dès le même soir, Alexis attend l'heure qu'on lui a indiquée pour aller rôder dans la rue Corbeau. À huit heures et un quart, il aperçoit Marguerite qui sort de sa maison, un petit panier au bras, et descend vers le bas du faubourg. Alexis juge prudent, avant de la rejoindre, d'attendre qu'elle soit un peu éloignée de sa demeure ; enfin il presse le pas et se dispose à la suivre, lorsqu'il sent un bras que l'on glisse sous le sien, en lui disant :

— Comment, vous voilà, mon bon ami ! ah ! que je suis contente de vous rencontrer !...

C'est Amandine, toujours Amandine, qui vient de prendre le bras d'Alexis ; Amandine qui probablement descend quand elle voit descendre sa voisine, et la guette dans la rue pour voir si elle n'y fait pas de rencontres.

Alexis étouffe de dépit, mais il s'efforce de cacher sa colère en disant à Amandine :

— Vous sortiez, vous aviez affaire..., je ne veux pas vous gêner. — Me gêner !... vous, mon bon ami ! vous savez bien que c'est impossible. J'allais acheter un petit neufchâtel, voilà tout. — Eh bien ! allez-y..., je vous attendrai. — Oh ! non..., vous allez venir avec moi..., c'est chez la fruitière, à deux pas... — Y pensez-vous !... que j'aille acheter un neufchâtel, moi ! — Cela vous contrarie..., eh bien ! je n'irai pas, voilà tout. — Pour vous, mon bon ami, on peut bien se passer de fromage !

Alexis ne trouve rien à répondre, il est obligé de rester avec Amandine et de renoncer encore à l'espoir de rejoindre Marguerite. Mais il suffoque et se dit tout bas : Qu'on est malheureux d'être aimé comme cela !

Alexis contait à Durozel ses ennuis, ses contrariétés et la conduite d'Amandine, qui surpassait en surveillance toutes les duègnes de comédie ; mais Durozel avait la cruauté de rire des malheurs de notre amoureux, et celui-ci trouvait fort mal que l'on prit gaiement ce qui avait rapport à ses nouvelles aventures.

Près d'un mois s'est écoulé depuis qu'Alexis a été chez la petite Marguerite, et depuis ce temps, il lui a été impossible de parler à cette jeune fille ; tout ce qu'il a fait pour se rapprocher d'elle a échoué, grâce à l'active surveillance d'Amandine qui est toujours là, qui passe sa vie en faction derrière sa porte, et qui arrive toujours au moment où on l'attend le moins pour déjouer les tentatives de celui qui brûle de lui être infidèle.

Alexis ne sait plus quel moyen employer pour arriver jusqu'à Marguerite, et pourtant il ne se sent pas la patience d'attendre davantage. Souvent il a été tenté de braver la colère d'Amandine et de monter au cinquième, en avouant franchement qu'il veut revoir Marguerite ; mais il est arrêté par la crainte de susciter quelque scène désagréable à cette jeune fille, ce que la couturière a juré de faire, si jamais elle voit Alexis aller chez sa voisine.

Il est onze heures du matin ; Alexis se promène de long en large dans la rue Corbeau, devenue sa promenade habituelle ; Leveau, placé sur le seuil de sa porte cochère, le menton appuyé sur son balai, regarde avec attendrissement le jeune homme qui lui bourre de pièces de cent sous, et murmure :

— Sapristi !... si je pouvais trouver une échelle assez haute pour atteindre au cinquième, notre amoureux pourrait arriver à la fenêtre et n'aurait pas besoin de passer par l'escalier, que la couturière garde comme un vrai blocus !... Oh ! ces couturières..., quel fil ça vous a !... Il y est tout de même le calembour.

Tout à coup Alexis se jette dans deux personnes qui venaient devant lui et que sa préoccupation l'avait empêché d'apercevoir. C'est le petit Frison accompagné de son ami Grandinet qui a ses socques et porte son accordéon sous son bras.

— Eh ! c'est M. Alexis ! s'écrie Frison ; il y a un siècle que nous ne nous sommes vus... Je viens présenter Grandinet que je viens de tirer d'une position bien embarrassante : il était chez une dame à laquelle il se permet de faire la cour, sous prétexte de lui montrer l'accordéon ; moi, j'arrive bien innocemment. En m'entendant sonner, la dame s'écrie : C'est mon mari ! Eh là-dessus, voilà mon Grandinet qui court se cacher sous le lit. Quand on me reconnaît, on lui crie de se montrer, de quitter sa cachette ; mais impossible de le faire sortir de

dessous le lit ! il s'y blottissait comme un vrai rat : j'ai été obligé de prendre une houssine pour lui faire abandonner sa position.
— Eh ! eh ! ce n'est pas vrai ! Je suis sorti de bonne volonté ! répond le petit homme en ricanant.

Alexis n'a prêté que fort peu d'attention au récit de Frison, et celui-ci, remarquant son air triste, lui dit :
— Qu'avez-vous donc ?... vous avez l'air gai comme la place Royale.
— Ah ! mon cher monsieur Frison, j'ai bien des peines ! — Si ce sont des peines d'amour, c'est facile à guérir. — Cela vous est bien aisé à dire...
— Contez-moi ce qui vous tourmente ; je parie un déjeuner que j'arrange l'affaire. — Ah ! si vous pouviez me tirer d'embarras, vous seriez un ange !... je vous sauterais au cou de bon cœur !... — Je ne tiens pas à ce que vous me sautiez au cou ; mais parlez donc, ce serait déjà terminé. — Vous connaissez Mlle Amandine... — Celle qui nous a donné une soirée où Grandinet a gardé ses socques, et un souper composé de trois plats de pommes cuites ? nous la connaissons ; ensuite. — Il y a au-dessus de chez elle une jeune personne à qui je brûle de parler... — La jeune personne que vous avez sauvée un soir qu'il ne faisait pas de lune..., très-bien. — Mais Mlle Amandine est toujours sur son carré, elle me guette..., je ne sais pourquoi... — Si fait, vous savez bien pourquoi, et moi aussi ; parbleu, ce n'est pas un mystère. Amandine dit à tout le monde que vous êtes son amant. — Quoi ! vraiment! elle dit cela ?... — Il y a des femmes qui cachent leurs faiblesses, il y en a d'autres qui les tambourinent... ; tout cela dépend de la grosseur du mollet. — Eh ! eh ! eh ! — Grandinet, on ne vous demande pas votre avis. Revenons à votre affaire. Vous voulez aller chez la jeune voisine, et vous craignez d'être vu d'Amandine ? Je lève l'obstacle, j'attire Amandine dehors, je la retiens au moins deux heures loin de chez elle, pendant ce temps vous allez en conter à la jolie fille du cinquième... — Ah ! mon cher Frison, s'il était possible ! — Tellement possible, que nous allons sur-le-champ exécuter la manœuvre. Grandinet, attention ; vous allez vous rendre chez Mlle Amandine, celle chez qui je vous ai mené passer une soirée délirante. — Nous la garderons, j'en réponds. — Ah ça ! je suis du déjeuner, moi ?... eh ! eh ! eh ! demande Grandinet en riant. — Cela va sans dire, petit lécheur. Courez vite annoncer à votre commission, ramenez Amandine avec vous, et on vous fera cadeau d'une paire d'échasses. — Ah ! que c'est méchant !... Si l'on vous questionne, n'allez pas vous troubler ! M. Alexis est avec moi et des dames du Banquet d'Anacréon, ne sortez pas de là. — Soyez donc tranquille ! je suis roué comme un marquis !

Grandinet arpente la rue de toute la longueur de ses petites jambes, et on le voit bientôt entrer dans la maison d'Amandine.
— Maintenant, dit Frison à Alexis, cachez-vous quelque part..., cachez-vous bien, sans quoi tout serait manqué... — Oh ! soyez tranquille.
— Quand vous aurez vu sortir Amandine avec Grandinet, vous pourrez sans crainte monter chez votre belle... — Mon cher Frison ! que de reconnaissance !... — Pas du tout ; entre hommes, ce sont des services qu'on se rend réciproquement. Moi, je cours au Banquet d'Anacréon. Ah ! diable !... c'est que... — Quoi donc ?... qui vous arrête ?... — Nous sommes du 18 du mois, et je n'ai plus d'argent.
— Eh ! que me parlez-vous ?... voilà ma bourse..., ne la ménagez pas. — Au fait, c'est vous qui devez payer les frais de l'entreprise... ; mais il vous sera rendu un compte fidèle..., je garderai la carte du traiteur... — Allez, mon cher Frison, et gardez Amandine bien longtemps... — Jusqu'à demain, si c'est possible ; je suis capable de passer la nuit chez le traiteur pour vous être agréable.

En disant ces mots, Frison se met à courir, et disparaît bientôt par la rue Bichat. Alexis va alors se placer sous une porte un peu au-dessus de la demeure d'Amandine, et d'où il pourra voir, sans être vu, tous ceux qui sortiront de cette maison, qui renferme maintenant l'objet de ses amours.

Quelques minutes s'écoulent ; de temps à autre Alexis avance la tête pour regarder dans la rue, puis il se renfonce lorsqu'il aperçoit quelqu'un ; rien ne ressemble plus à un mouchard qu'un amoureux, excepté pour les jeunes femmes, qui devinent tout de suite ce que fait dans la rue un homme qui pendant une demi-heure y reste à la même place.

Alexis compte les minutes ; cependant il réfléchit que, pour suivre Grandinet chez un restaurateur, Amandine aura voulu faire un peu de toilette ; il faut donc calculer le temps qu'elle peut mettre à se parer. Enfin un homme sort de la maison : c'est Grandinet, il est facile à reconnaître ; mais il est seul. Alexis croit tout espoir perdu, lorsqu'une femme sort aussi et rejoint Grandinet dans la rue. C'est Amandine, c'est bien la jeune grisette qui a mis son joli chapeau, un châle, qui s'est parée, enfin, pour aller au Banquet d'Anacréon.

Alexis ne se sent pas de joie ; ses yeux ne quittent pas Amandine, qui marche à côté de Grandinet, lequel lui a offert son bras, qu'elle a refusé ; il les voit descendre la rue et tourner du côté du faubourg du Temple. Alors le jeune homme s'élance avec la rapidité de la flèche vers cette maison qu'il ne perdait pas de vue ; il traverse la cour, et monte l'escalier sans répondre au portier, qui lui crie :
— Pas de sentinelle !... le blocus est levé... Quand les chats sont sortis les souris dansent !

Alexis a bientôt gravi les cinq étages : il est devant la porte de Marguerite ; alors seulement il s'arrête pour reprendre haleine : son cœur bat avec tant de force qu'il ne pourrait parler. Que va-t-il dire à cette jeune fille ? que va-t-il lui demander ? Il n'en sait rien ; mais il faut qu'il la voie. Il se décide à sonner et frappe en même temps.

La porte s'ouvre. Marguerite paraît ; en reconnaissant Alexis, une rougeur subite vient colorer son joli visage ; une vive émotion se manifeste sur ses traits, et, sans avoir la force de dire un mot, elle reste devant le jeune homme, qui est lui-même tout tremblant.
— Mademoiselle, dit enfin Alexis, vous avez dû me trouver bien malhonnête de ne point être revenu... m'informer de votre santé.
— Moi, monsieur, répond la jeune fille, en tâchant de cacher son émotion. Mais pourquoi donc aurais-je pensé cela ?... vous n'aviez aucune raison pour revenir chez moi..., et d'ailleurs je vous avais dit que je ne pouvais recevoir personne.
— Oui, vous m'aviez dit cela... ; et cependant, mademoiselle, depuis notre dernière entrevue, mon seul désir, mon vœu le plus cher était de vous revoir..., de vous parler..., de me rapprocher de vous...

Marguerite lève un moment les yeux sur Alexis, et il y a dans son regard quelque chose qui est comme un reproche de vouloir la tromper ; mais aussitôt elle s'efforce de sourire et répond :
— Monsieur, je ne sais pas pourquoi vous me dites cela... Rien ne vous oblige à me faire croire..., ce que vous n'en pensez pas... Je ne dois vous inspirer aucun intérêt... Vous me connaissez à peine, et je n'ai pas le droit de trouver mauvais que ce soit... pour d'autres que moi que vous veniez... si souvent dans cette maison.

Quoique Alexis dût s'attendre à ce que la jolie fille du cinquième sût qu'il allait chez Amandine, il n'en demeure pas moins confus et embarrassé de ce qu'on vient de lui dire : il ne sait que répondre ; et Marguerite, qui voit son trouble, semble fâchée d'avoir parlé de sa voisine ; prenant un air plus aimable, elle lui dit :
— Mais je vous laisse sur le carré..., ce n'est pas honnête... Puisque vous êtes déjà entré chez moi..., puisque vous connaissez mon modeste réduit..., je puis bien vous y recevoir encore... D'ailleurs, j'ai aussi à vous parler, monsieur..., et je profiterai de cette occasion...
— Vous avez à me parler, mademoiselle ? — Oui, monsieur. Mais entrez, je vous en prie.

Alexis ne se fait pas répéter cette invitation. Il suit Mlle Marguerite dans la chambre qui compose tout son appartement, et, acceptant une chaise qu'elle lui présente, s'assied tout près d'elle. Mais la jeune fille éloigne alors sa chaise, et Alexis ne peut venir se rapprocher.

Marguerite semble à son tour être embarrassée et ne savoir comment entamer l'entretien : de son côté, Alexis se sent si heureux de se retrouver près de celle qu'il aime, de pouvoir la contempler tout à son aise, qu'il n'a plus d'autre pensée ; son âme a passé tout entière dans ses yeux.

C'est Marguerite qui la première rompt le silence.
— Monsieur..., je vous ai dit que je désirais vous parler... ; c'est pour..., c'est afin de vous dire... Mon Dieu, je ne sais comment vous expliquer cela... Cela va vous fâcher peut-être, et telle n'est pas mon intention !
— Oh ! mademoiselle, parlez sans crainte... Comment pourrais-je me fâcher de ce que vous me direz ! moi, qui suis si heureux de vous voir, de me retrouver ici, près de vous. Ah ! si vous saviez combien je désirais de vous voir... ! combien...
— Monsieur, dit Marguerite d'un air de dignité et en interrompant Alexis, ce n'est pas là ce que je vous demande. Veuillez bien m'écouter...

Le ton un peu sévère de la jeune fille impose à Alexis ; il baisse les yeux en balbutiant :
— Je vous écoute, mademoiselle.
— Je ne vois presque personne, monsieur ; la solitude me convient et j'ai dû ne pas répondre aux avances de... quelques voisines qui semblaient vouloir se lier avec moi. A Paris, il me semble que chacun peut être libre de sa conduite ; la mienne d'ailleurs ne devait offenser personne : polie avec tout le monde, je croyais n'avoir jamais mérité qu'on ne le fût pas avec moi...
— Comment, mademoiselle..., aurait-on osé...

— Écoutez-moi jusqu'au bout, je vous en prie, monsieur. Depuis le jour où vous êtes venu chez moi..., j'ignore pourquoi je suis en butte à des vexations continuelles de la part de... de Mlle Amandine..., ma voisine d'ici dessous... Qu'ai-je donc fait pour cela, monsieur, je vous le demande?... Est-ce parce que je ne sors jamais, parce que je ne reçois personne?... Est-ce que cela importe à cette demoiselle?... Elle craignait que vous ne revinssiez me voir; plusieurs fois dans l'escalier, pendant que je montais, elle a eu soin de crier bien haut, de façon à ce que je l'entendisse, qu'elle se vengerait de moi..., si... je vous recevais... Et puis... elle me fait mille méchancetés..., elle attache des souris mortes au cordon de ma sonnette..., elle fourre... je ne sais quoi dans ma serrure, pour que je ne puisse plus ouvrir ma porte... Et, dernièrement..., c'était le soir..., je suis tombée en montant mon escalier, parce qu'on avait attaché une ficelle en travers des marches.
— Ah! quelle horreur!
— Ah! monsieur....., je ne prétends pas vous brouiller avec Mlle Amandine! Je ne vous empêche pas d'y aller tous les jours, d'y être toute la journée.... Certainement cette demoiselle est fort bien et mérite d'être aimée... D'ailleurs, cela ne me regarde pas..., mais, seulement, priez-la de ne plus me faire de méchancetés..., dites-lui qu'elle a bien tort d'être jalouse de moi!... que vous ne pensez pas à moi..., que vous n'y avez jamais pensé..., et que c'est bien vilain de faire de la peine à quelqu'un qui ne lui a fait aucun mal.
Des pleurs tombaient des yeux de Marguerite, et elle cache sa figure dans son mouchoir en finissant de parler. Quant à Alexis, il est tellement ému, tellement exaspéré, qu'il s'est levé et marche à grands pas dans la chambre, en s'écriant :
— Mon Dieu! est-il possible que le monde soit aussi méchant!... faire de telles noirceurs à une jeune fille douce, modeste..., à quelqu'un qui n'a point d'amis, de parents, de protecteurs pour la défendre...; et c'est pour cela, sans doute, qu'on se permet de l'opprimer! Et c'est moi qui suis cause de toutes vos peines..., c'est moi qui vous attire tous ces désagréments..., moi, qui aurais voulu, au contraire, connaître vos chagrins pour les adoucir..., qui aurais été si heureux de vous être utile..., d'obtenir votre confiance, et de vous prouver que j'en étais digne!... Ah! mademoiselle, combien vous devez me haïr!...
Alexis s'était rapproché de Marguerite; il avait saisi une de ses mains, qu'il pressait dans les siennes, et la jeune fille lui répond en cherchant à dégager sa main :
— Non, monsieur, je ne saurais haïr quelqu'un qui a été mon protecteur; dites seulement à Mlle Amandine de ne plus s'occuper de moi.
— Oh! soyez tranquille, mademoiselle, on ne se permettra plus rien qui vous soit désagréable, je vous l'assure... Mais moi, me pardonnerez-vous tous les ennuis que je vous ai causés?... Depuis que je ne vous ai vue, si vous saviez combien j'ai été malheureux..., combien il me tardait de vous parler... Ah! ne retirez pas votre main..., laissez-moi la presser encore dans les miennes, ou je croirai que vous ne m'avez pas pardonné.
Marguerite hésitait; elle voulait dégager sa main, cependant elle mettait bien peu de force pour la retirer; et le jeune homme venait de porter cette main à ses lèvres; lorsque la porte d'entrée, qui n'avait été que poussée, s'ouvre tout à coup avec fracas, et Mlle Amandine entre, ou plutôt saute dans la chambre, car d'un seul bond elle se trouve entre Alexis et Marguerite.
— Ah! je vous y prends! monstre! perfide! s'écrie Amandine, dont le visage est pourpré, les yeux étincelants, et que la colère fait bégayer... J'en étais... sûre... que monsieur était ici... On m'envoie chercher par le petit nain..., on me fait aller au Banquet d'Ane... d'Ane..., enfin de l'Ane à quelqu'un... J'arrive, je trouve le petit Frison qui mange des huîtres, qui boit du champagne... Il croit me séduire avec cela; mais c'est mon volage que je voulais... : Il va venir, me dit-on; déjeunez toujours avec nous... — Oh! pas de ça, que je dis! je vois la ficelle... Vous êtes un petit rusé, monsieur Frison; mais ce n'est pas moi qu'on attrape!... Je m'a fait sortir, je devine pourquoi maintenant... M. Alexis est chez sa tourterelle du cinquième...
Mademoiselle; je vous prie... — Taisez-vous, traître!... Je dis adieu à vos amis... Ils veulent me retenir de force... Oh! alors, c'était drôle... J'ai joliment bousculé M. Frison, et j'ai cassé six assiettes sur la tête de cette petite horreur de Grandinet. Enfin je suis partie; j'ai toujours couru depuis le restaurateur jusqu'ici... Je suis sûre que je n'ai pas mis dix minutes... J'avais un pressentiment de ce qui se passait... J'ai fait pirouetter le portier, qui voulait, je crois, mettre son balai dans mes jambes..., car monsieur a corrompu toute la maison!... Et c'était pour me tromper, pour venir faire la cour à mademoiselle que l'on m'avait attirée dehors... Après m'avoir juré qu'on ne pensait pas à mademoiselle, on grimpe ici dès que j'ai le dos tourné... Et cette vertu si farouche, qui ne veut recevoir personne!... se laisse très-bien apprivoiser... Elle se fait baiser la main...; un genre de duchesse!... On ne devrait pas tant faire la pincée quand on cherche à subtiliser l'amant de sa voisine; car mademoiselle sait très-bien que vous êtes mon amant!...
Marguerite ne répond rien. Pendant qu'Amandine exhale sa colère, elle est allée s'asseoir dans un coin de la chambre, et elle se contente de pleurer. Mais à la vue des larmes que répand la jeune fille, Alexis a retrouvé toute son énergie, et, se plaçant devant la couturière, il lui dit :
— Mademoiselle, votre conduite est aussi inconvenante que ridicule. Vous insultez une personne que vous devriez respecter.
— Respecter!... Ah! par exemple! le plus souvent!...
— Oui, respecter; et au lieu de cela, vous vous êtes permis mille méchancetés... — Ah! il paraît que mademoiselle s'est plainte à monsieur... Je lui en ferai d'autres à cette petite chipie-là...
— Sortez! sortez sur-le-champ! s'écrie Alexis avec colère. Un mot de plus, et je serais capable d'oublier que vous êtes une femme!
— Oh! j'en suis bien fâchée, mais je ne sortirai pas sans vous!
— Eh bien! venez, venez! Aussi bien notre présence en ce moment doit être un supplice pour mademoiselle.
En disant ces mots, Alexis saisit le bras d'Amandine, et la faisant marcher devant lui, il l'a bientôt fait sortir de la chambre, et redescend avec elle l'escalier.
S'apercevant qu'Alexis est sérieusement fâché, Amandine commence à changer de ton, et arrivée devant sa porte, elle lui dit d'un air attendri :
— J'espère que vous allez entrer chez moi maintenant... La voisine vous a possédé assez longtemps; ce doit être à mon tour...
— Non, mademoiselle, je ne veux pas entrer chez vous...; je ne veux plus y retourner...
— Oh! si vous faisiez une chose comme cela!... Alexis, mon petit Alexis..., vous voulez me punir, parce que je vous aime trop... Alexis..., entrez un petit peu.
— Non, mademoiselle... Adieu! — Comment! monsieur, vous me quittez ainsi?... Ce n'était donc que pour Mlle Marguerite que vous étiez venu dans la maison? — Oui, mademoiselle. — Et vous osez me l'avouer? — Je ferai bien mieux, je retournerai chez Mlle Marguerite; j'irai tous les jours si cela me convient, et je vous défends à l'avenir de vous mêler de mes affaires.
— Ah! quelle horreur..., quelle infamie!... Eh bien! il s'en va!... Alexis, écoutez-moi donc...; je vais me trouver mal... Alexis!... Il ne m'écoute pas. Ah! si je pouvais me jeter par-dessus la rampe sans me blesser.
Amandine se penche sur la rampe, mais elle ne se jette pas par-dessus; seulement, ne sachant comment exprimer sa colère, elle se saisit d'un pot de réséda que sa voisine, l'actrice de Franconi, laissait sur son carré, et elle le jette du haut en bas des escaliers. Le pot tombe en éclats sur le chat de M. Leveau, et le portier pousse des cris horribles en voyant son chat aplati.
Alexis est sorti de la maison la tête brûlante et le cœur palpitant d'amour et de colère. Il cherche dans sa tête comment il s'y prendra pour revoir Marguerite. Quoique bien décidé à rompre entièrement avec Amandine, il ne voudrait pas cependant que ses visites causassent encore des désagréments à celle dont il se sent plus épris que jamais.
Depuis longtemps Alexis se promenait sur les boulevards, ne sachant encore à quel parti s'arrêter. Tout à coup il aperçoit devant lui Frison et Grandinet. Le premier est un peu gris : cela se voit facilement à ses yeux et à sa démarche; le second a la tête enveloppée de compresses, ce qui ne l'empêche pas de tenir son accordéon sous son bras.
— Mon cher ami! s'écrie Frison en reconnaissant Alexis, nous avons gardé votre Hermione le plus que nous avons pu... Mais, ma foi, c'est une lionne que cette jeune Amandine... Voyez dans quel état elle a mis ce malheureux Grandinet... Il a eu six assiettes et un compotier de tué... pas sous lui, mais sur lui... C'est égal, nous avons joliment déjeuné... N'est-ce pas, Grandinet?
— Oui..., mais j'ai deux énormes bosses au front..., eh! eh! — Vous direz que c'est une femme jalouse qui vous a rossé, Grandinet, et cela vous fera honneur. Nous allons chez la céleste Julienne, monsieur Alexis; y venez-vous avec nous?
— Oh! non..., je ne veux plus y aller... Je déteste toutes vos grisettes, je ne veux plus en voir aucune... Cette Amandine... si vous saviez tout ce qu'elle a fait!... Non, je vous le répète, je ne veux plus revoir aucune de ces demoiselles...; ce n'est plus auprès d'elles que je veux chercher des consolations.
En disant cela, Alexis quitte les deux amis et se rend en toute hâte chez Durozel, auquel il veut conter les événements de la matinée; mais Durozel était absent. Il faut donc que le pauvre amoureux reste livré à lui-même. La soirée lui semble mortelle. Vingt fois il est tenté de retourner chez Marguerite; mais il craint qu'une seconde visite le même jour ne soit indiscrète, surtout après la scène qui s'est passée le matin, et malgré toute l'impatience qu'il éprouve, il se décide à attendre au lendemain.
Il passe la nuit à penser à ce qu'il pourra dire à Marguerite pour la convaincre qu'il n'aime plus Amandine, qu'il ne l'a jamais aimée, et que c'est d'elle seule qu'il est amoureux. Le jour vient; il n'a pas reposé un instant. Mais il y a un âge où l'amour tient lieu de sommeil, où l'on aime mieux penser que dormir et où le corps s'accommode de tout cela.
Dès que neuf heures ont sonné, Alexis quitte sa demeure et se rend

rue Corbeau. M. Leveau est déjà sur la porte avec son balai. Alexis passe brusquement en disant :
— Je vais au cinquième, chez M¹¹ᵉ Marguerite. Oh ! je ne m'en cache pas à présent...
— Eh ben ! attendez donc alors, ne courez pas si vite! crie le portier en mettant son balai devant les pieds d'Alexis. Vous ne savez donc pas les événements ?
— Comment..., quels événements ?... Est-ce que cela regarde cette jeune fille ? — Pardi ! assurément !... sans quoi je vous aurais laissé monter. — Parlez, portier, parlez donc. — D'abord hier, quand vous êtes parti, vous n'avez pas été témoin du trait atroce de mamzelle Amandine... Elle a jeté un pot de réséda du quatrième sur mon pauvre chat !... Il a deux côtes cassées... Cette pauvre bête, qui était si gracieuse, maintenant son train de derrière est tout disloqué... — Mais enfin, M¹¹ᵉ Marguerite ? — Eh bien, peu de temps après votre départ, elle est sortie ; elle avait les yeux ben rouges, elle devait avoir versé de grosses larmes... Elle est restée plus de deux heures dehors... Quand elle est revenue, elle avait avec elle un homme et une charrette, l'homme a déménagé les meubles, ce qui n'a pas été long ; mamzelle Marguerite a fait ses petits paquets, puis, après avoir été payer le propriétaire, elle est partie ainsi que l'homme qui traînait la charrette.
— Partie !... elle serait partie !... et sa nouvelle demeure ?... où est-elle allée ? — Oh ! je n'ai pas manqué de le lui demander. Elle m'a répondu avec un grand soupir : « Si l'on vous demande mon adresse, vous direz que vous ne la savez pas. » V'là tous les renseignements qu'elle a voulu me laisser.
— Partie !... et je ne sais plus où elle est..., et pas un mot pour moi ! s'écrie Alexis en se frappant le front avec désespoir. O mon Dieu ! et moi qui l'aime tant ! moi qui ne peux plus vivre sans elle ! que vais-je devenir maintenant ? Mais le conducteur de cette charrette, vous devez le connaître ?... — Pas du tout ! Oh ! la demoiselle a eu soin de ne pas prendre quelqu'un du quartier.
Le jeune homme est resté comme anéanti par cette nouvelle. Une jeune fille descend l'escalier, et pousse un cri en l'apercevant : c'est Amandine. Elle s'approche d'Alexis, et lui dit d'un ton doucereux :
— Eh bien, vilain méchant, venîez-vous chez moi, enfin ?...
— Chez vous ! s'écrie Alexis en s'éloignant d'Amandine, chez vous, qui êtes cause que cette jeune fille a dû fuir cette maison..., où vous ne saviez quelle noirceur inventer pour la tourmenter... Moi, retourner chez vous ! Oh non, jamais, mademoiselle !... Vous m'avez fait perdre Marguerite, vous ne me verrez plus !
En achevant ces mots, Alexis a quitté précipitamment la maison.
Amandine reste un moment comme suffoquée, mais bientôt elle se remet, et dit en rajustant son bonnet :
— Ah bien, ma foi ! tant pis !... Après tout, des amoureux, on n'en manque pas !... Je n'ai pas envie de me maigrir pour lui... ; mais c'est égal, il ne reviendra plus sa petite chipie.
Le portier, qui a entendu l'exclamation de la couturière, se remet à balayer sa cour, en se disant :
— Le jeune homme ne reviendra plus dans la maison, c'est moi qui suis le plus à plaindre !... Oh ! ces femmes..., c'est joli, c'est vrai, mais c'est venimeux comme le champignon ! Après ça, vous me direz, il y en a des bonnes !... mais les plus connaisseurs s'y trompent..., toujours *idem*, comme dans les champignons !

XVII. — UNE REVANCHE.

— Ainsi donc, dit Durozel, après avoir entendu son jeune ami lui faire le récit de ses chagrins et de ses amours, vous ne savez plus où loge cette petite Marguerite, vous n'avez pu obtenir aucun renseignement pour découvrir sa nouvelle demeure ?
— Hélas ! non, mon ami ! répond Alexis en soupirant. Je me suis informé dans les environs de la rue Corbeau ; mais quand je demandais si l'on avait vu une charrette et une jeune fille, on me répondait en riant : On ne voit que cela dans Paris !... Ces êtres indifférents auxquels on s'adresse ne comprennent pas que le bonheur de toute une existence peut dépendre d'un mot, d'un renseignement qui ferait retrouver la trace d'un objet adoré.
— Ne vous désespérez pas, mon cher Alexis, nous retrouverons cette jeune fille ; Paris est grand, il nous faudra peut-être de la patience..., mais avec de l'adresse, de la persévérance, on finit par retrouver ceux que l'on cherche ; et puis, une jolie femme se remarque ; elle a beau se cacher, il y a toujours des yeux qui la suivent, qui l'observent : les amateurs ne manquent point à Paris ! En attendant, si vous voulez que je vous aide de mes conseils, de mon amitié, ne vous laissez point aller à une douleur inutile et ridicule ; en amour, les hommes doivent toujours avoir de la force, du courage ; les larmes et la faiblesse sont l'apanage des femmes ; mais, croyez-moi, un amant qui pleure et se désole intéresse peu et ne réussit guère.
— Je suivrai vos conseils, dit Alexis en pressant la main de Durozel ; mais vous chercherez Marguerite avec moi ?
— Je vous le promets, et, quand nous l'aurons retrouvée, je tâcherai de savoir quelle est cette jeune fille, chose dont vous ne vous êtes nullement occupé, trouvant qu'elle était assez jolie pour que l'on pût l'aimer de confiance... Moi, qui ne suis pas amoureux, je suis moins confiant, je tâcherai de percer le mystère qui semble envelopper l'existence de la jolie fille du faubourg. Maintenant, mon cher Alexis, c'est encore de vous que je veux m'occuper, je tiens à ce que vous reparaissiez dans le monde avec avantage. Déjà vous n'êtes plus le même, vous ne sauriez croire combien vous avez gagné, depuis que vous êtes guéri de votre folle passion pour Mᵐᵉ de Pomponney ; votre intrigue avec Amandine vous a aussi fait du bien... Il n'y a pas de mal de connaître ces petites ruses féminines si familières aux grisettes. Mais à présent, il faut aller dans le monde, en prendre les allures, les manières, en étudier les usages, ayez une intrigue avec quelque grande dame, avec quelque beauté à la mode, et avant trois mois vous serez un cavalier accompli.
— Tout ce que vous voudrez, répond Alexis, excepté l'intrigue avec une dame du monde, car j'aime Marguerite, et je veux lui rester fidèle ; j'ai en trop à me repentir d'avoir cédé aux séductions de M¹¹ᵉ Amandine...
— C'est ce que vous ne savez pas, mon ami, car votre intrigue avec la couturière vous a peut-être plus servi près de M¹¹ᵉ Marguerite que n'auraient pu le faire vos œillades et vos soupirs. Ce que je vous dis là vous étonne, parce que vous ne connaissez pas les femmes : vous ne savez pas que chez la plus sage, la plus honnête, il y a toujours le désir de l'emporter sur une rivale. Il y a même des femmes qui se sont données à des hommes qu'elles n'aimaient pas, uniquement pour faire endêver celles qui les aimaient. Oh ! vous avez encore beaucoup à apprendre sur ce chapitre. En attendant, vous ferez ce soir grande toilette..., je vous mène en soirée...
— Pas chez les grisettes..., je les déteste toutes dans la personne d'Amandine.
— Il n'est pas question de grisettes, que cependant vous auriez bien tort de détester ; je vous mène au faubourg Saint-Germain, chez une grande dame, dans un grand hôtel, de grands appartements, de grands laquais, et chez laquelle tout le monde se donne de grands airs, ce qui, du reste, ne doit nullement vous imposer ; règle générale : les grands airs n'imposent qu'aux sots. Le vrai mérite est modeste et affable, mais le vrai mérite n'est pas commun.
Le soir quit cette conversation, Durozel et Alexis montent en voiture à neuf heures et demie et se font descendre devant une vieille maison de la rue de Grenelle.
— Chez qui me menez-vous ? dit Alexis à son ami.
— Chez Mᵐᵉ de Martelonne, veuve d'un comte qui était officier de bouche sous je ne sais quel règne..., nous en avons eu tant, que l'on s'y perd ! N'importe, cette dame ne manque pas d'esprit, elle a été jolie, elle a le grand mérite de savoir qu'elle ne l'est plus et qu'elle a cinquante ans sonnés.. C'est une femme comme il y en a peu. Du reste, elle aime beaucoup les jeunes gens, et c'est en tout bien tout honneur ; mais elle a été, je crois, fort sensible dans sa jeunesse, et il lui reste de l'indulgence pour les passions des autres. Comme dit *Fontenelle* : L'amour a passé par là.
Un valet annonce ces messieurs, qui sont introduits dans un immense salon, qui serait gai s'il était bien éclairé ; mais il n'y règne qu'un jour si doux, qu'on pourrait presque le prendre pour un crépuscule.
Il y a là beaucoup de dames très-parées qui causent à demi-voix, assises en cercle devant la cheminée. Puis des hommes, la plupart décorés, sont, les uns debout derrière les dames, les autres rassemblés pour parler politique dans un coin du salon.
Durozel présente son jeune ami à Mᵐᵉ de Martelonne, qui lui fait les honneurs du son siège auprès d'elle, et entame avec lui une conversation d'abord oiseuse, mais qui ne tarde pas à devenir intéressante, parce que cette dame a vu beaucoup de choses et conservé de curieux souvenirs. Alexis n'était guère causeur, mais il savait écouter ; c'est une qualité qui devient chaque jour plus rare chez les jeunes gens, et que celui qui parle bien aime surtout à rencontrer.
— Votre jeune ami est charmant ! dit Mᵐᵉ de Martelonne à Durozel, quelque temps après avoir quitté Alexis. Il est rempli d'esprit, il a un ton parfait.
— On vous trouve plein d'esprit, dit tout bas Durozel à son ami ; Mᵐᵉ de Martelonne est enchantée de vous.
— Cette dame est bien bonne..., je n'ai guère répondu que des oui et des non à tout ce qu'elle me disait.
— Qu'importe, mon cher ? c'est la manière qui fait tout. Cette dame a vu que sa conversation vous plaisait, et elle vous trouve plein d'esprit, parce que vous l'avez laissée parler en paix. On fait des tables de whist, vous n'y jouez pas..., je n'y joue guère, éclipsons-nous ; je vais vous mener ailleurs.
— Mais il n'y a qu'une heure que nous sommes ici.
— Cela ne fait rien. Dans le beau monde on peut ne rester qu'une heure à une réunion ; ce n'est que chez les bourgeois qu'on passe la soirée.
Les deux amis remontent en voiture et se font descendre rue de Londres, Chaussée d'Antin.
— Chez qui allons-nous cette fois ? demande de nouveau Alexis à son guide.
— Chez Mᵐᵉ Saint-Albert, dont le mari fait des affaires à la Bourse. Ici, mon cher ami, vous allez vous trouver avec une société qui vous

rappellera celle de Mme de Pomponney : des femmes gaies, vives, séduisantes; des jeunes gens fats, présomptueux, parlant beaucoup ou ne daignant pas ouvrir la bouche; des hommes mûrs jouant gros jeu, et des vieillards voulant faire des conquêtes. Là, il faut dépouiller votre air timide et modeste qui vous nuirait, il faut avoir une grande confiance en vous-même, et, avant de parler, être toujours persuadé que vous allez dire quelque chose de charmant. Alors je vous prédis un grand succès.

Après ce protocole, Durozel entre avec son ami. Le salon de Mme Saint-Albert est resplendissant de bougies dont les glaces répètent de tous côtés. Là, les dames ne sont pas symétriquement rangées en cercle devant la cheminée; les groupes sont épars, les conversations plus particulières que générales. Dans un coin on joue à la bouillotte, dans un autre on chante au piano; ici une jeune et jolie femme feuillette un album, plus loin des jeunes gens lisent des vers; enfin chacun fait ce qui lui plaît, et la plus aimable liberté semble être la devise de cette réunion.

Mme Saint-Albert est une femme de vingt-huit ans, plus gracieuse que jolie, plus gaie que spirituelle, ou dont l'esprit paresseux semble ne pas vouloir s'aventurer trop avant et désire se borner à ces conversations frivoles, à ces entretiens légers qui sont de mode dans les salons. Mme Saint-Albert n'en est pas moins une femme fort agréable, qui reçoit fort bien, et chez laquelle on s'amuse beaucoup. Quant à son époux, c'est un homme qui ne pense qu'à gagner de l'argent, et laisse à sa femme liberté entière : c'est un mari extrêmement commode.

Alexis tâche de se souvenir des avis que Durozel lui a donnés; en causant avec la maîtresse de la maison, il lui dit hardiment tout ce qui lui vient à la tête; Mme Saint-Albert le trouve fort aimable, elle rit beaucoup de ses saillies, de ses bons mots, et Alexis, tout étonné de son succès, dit à Durozel :

— Mon ami, est-ce que vraiment je suis spirituel ? est-ce que je dis des choses drôles, amusantes?... En vérité, cette dame me donnerait presque de l'amour-propre.

— C'est ce qui vous manquait, mon cher, et c'est ce qui est nécessaire dans le monde. Ici, ayez-en beaucoup; chez Mme de Martelonne ayez-en moins; avec vos vrais amis n'en ayez pas du tout, et tout le monde vous trouvera charmant.

Pour achever son succès à la Chaussée d'Antin, Alexis se met à une table de bouillotte; il comptait perdre quelques pièces d'or, mais la chance est pour lui, il gagne tous les coups; cependant il joue légèrement, il tient d'assez fortes sommes avec un très-faible jeu; mais la fortune le favorise, il continue de gagner, et, comme dans le monde le bonheur passe souvent pour du mérite, chacun s'écrie :

— Ce jeune homme joue comme un ange et avec un désintéressement admirable..., c'est un bien beau joueur.

Après avoir passé près de trois heures chez Mme Saint-Albert, Alexis prend congé et sort avec Durozel, emportant la considération des hommes, les doux regards des dames et une quarantaine de napoléons qu'il a gagnés à la bouillotte.

— Eh bien, dit Durozel à Alexis, vous voyez que pour réussir dans le monde vous n'aviez qu'à le vouloir; vous reconnaîtrez plus tard que je ne vous ai pas mal dirigé : les grisettes vous ont dégourdi, les grandes dames vous formeront, les femmes sensibles vous adoreront!...

— Mais Marguerite, mon ami, Marguerite!... Ah! si vous saviez combien je l'aime! Au milieu de tout ce monde, près de ces femmes élégantes et belles, je me dis souvent : Marguerite vaut mieux que cela !

— Nous retrouverons votre jolie fille du faubourg!... à moins qu'elle ne se soit évanouie comme une ombre..., mais ce n'est pas probable; les sylphides n'existent qu'à l'Opéra ou dans les contes de fées.

Plusieurs mois s'écoulent; Alexis emploie presque toutes ses journées à parcourir Paris, espérant retrouver Marguerite; Durozel l'accompagne souvent dans ses recherches, qui n'ont encore amené aucun résultat. Quelquefois une sombre mélancolie s'empare d'Alexis, mais Durozel le soutient, le console et le force à aller dans le monde trouver des distractions à ses secrets ennuis.

Mlle Amandine a essayé de ramener Alexis près d'elle, et pour cela elle lui a écrit plusieurs lettres très tendres, où elle lui promet de ne plus être jalouse, et de le laisser aller tant qu'il voudra à tous les étages de la maison.

— Il est bien temps! se dit Alexis en déchirant chaque billet. Maintenant, Marguerite n'est plus sa voisine... ; mais elle est cause que je l'ai perdue, et je ne puis lui pardonner cela.

Les beaux jours étaient revenus, on était au commencement de juillet, lorsqu'un matin le concierge d'Alexis lui remet une lettre; il ne se presse pas de l'ouvrir, croyant qu'elle est encore d'Amandine; cependant, après avoir jeté les yeux sur l'adresse, n'ayant pas reconnu les jambages de la couturière, il brise le cachet.

La lettre est une invitation de Mme de Pomponney pour aller à une fête qu'elle donne le jeudi suivant à sa maison de campagne à Sussy. Alexis avait presque totalement oublié sa cousine; il met machinalement la lettre dans sa poche, et va trouver Durozel, en lui disant :

— Des fêtes!... toujours des fêtes!... et pendant ce temps cette jeune fille, si intéressante, et que je crois si sage, endure peut-être toutes les souffrances de la misère, cachée dans quelque obscure mansarde!... et moi, qui l'aime tant, moi que la fortune a bien traité, et qui serais si heureux de pouvoir adoucir ses peines, il me faut vivre loin d'elle, vivre au sein du monde, ne voir que des gens dont la seule occupation est de chercher par quels plaisirs ils embelliront leur journée!... Ah! que j'aimerais bien mieux être près de Marguerite, dans sa petite chambre, si pauvrement meublée, mais dont sa présence fait un délicieux séjour!

Durozel avait reçu une invitation semblable à celle d'Alexis, et il parut fort content en voyant que Mme de Pomponney n'avait pas oublié entièrement son jeune cousin.

— Nous n'irons pas à cette fête, n'est-ce pas, Durozel? dit Alexis à son ami.

— Ne pas aller à cette fête! oh! si fait, parbleu! nous n'aurons garde d'y manquer... Voilà l'occasion que j'attendais depuis longtemps.

— Quelle occasion?... — De vous venger de votre cousine. — Je lui ai pardonné, mon ami; vous voyez bien qu'elle m'est totalement indifférente. — Vous me feriez presque regretter de vous voir si bien guéri. Que vous ne soupiriez plus pour elle, c'est très-bien ; mais oublier la mystification qu'elle vous a fait subir..., oublier que ce Dartigue et ses amis se sont moqués de vous..., oh ! vous ne le devez pas.

— Vous avez raison, Durozel! s'écrie Alexis, auquel ces souvenirs viennent de faire monter le feu au visage. Oui, ce M. Dartigue a été impertinent avec moi... ; mais je voulais me battre, pourquoi m'en avez-vous empêché? — Parce que ce n'est pas ainsi qu'il faut vous venger..., un duel ; c'est une chose fort commune, fort ordinaire; vaincu, on vous plaint; vainqueur, on eût tué votre adversaire. Il vous faut mieux que cela. — Que comptez-vous donc faire? — Allons à Sussy d'abord, mais surtout faites-vous bien élégant, paraissez avec tous vos nouveaux avantages; soyez chez Mme de Pomponney ce que vous êtes chez Mme Saint-Albert, et j'ai dans l'idée que ma vengeance ira vite.

Le billet de Mme de Pomponney invitait à un dîner et à une fête de nuit qui devait le suivre. Le jeudi arrivé, Durozel et Alexis, ayant loué un joli cabriolet qu'ils comptent garder jusqu'au lendemain, partent pour Sussy, après avoir fait une toilette de fort bon goût pour la campagne.

— Connaissez-vous l'habitation de ma cousine ? demande Alexis à son compagnon de route.

— Oui, j'y suis allé une fois l'année dernière, à une jolie fête dont celle-ci sera sans doute la copie. La maison de campagne de M. de Pomponney est fort belle, et pourrait presque passer pour un petit château. Il y a un jardin de dix arpents au moins, divisé en bois, prairies, bocages, labyrinthe, bosquets touffus; il y a une pièce d'eau... un pont chinois, des grottes, des pavillons, et tout ce que l'on peut rassembler dans une campagne; c'est un fort joli séjour, dont votre cousine peut, à juste titre, être appelée la déesse.

— Et son mari?... — M. de Pomponney se roule sur le gazon avec son singe, ou va dans les allées obscures poursuivre ses jardinières et ses filles de basse-cour.

— Ah! oui, je me souviens de ce maudit singe : croyez-vous qu'il sera à la campagne? — Assurément; M. de Pomponney et son singe sont inséparables. — Ainsi que ma cousine et M. Dartigue! — Quant à cela, je l'ignore... ; ces amours de grandes dames ne sont pas ordinairement de longue durée... il pourrait bien y avoir du changement depuis cet hiver.

On approchait de Sussy, campagne délicieuse, située sur une colline d'où l'on découvre de charmants paysages. Durozel montre dans l'éloignement une maison bâtie à la moderne, et dominée par une terrasse sur laquelle est un jardin factice, à la manière orientale, en disant :

— Voici la propriété de M. de Pomponney. Vous allez revoir votre belle Hélène... Est-ce que le cœur ne vous bat pas un peu?

— Mon cœur ne sait pas encore battre pour deux femmes à la fois, et je vous ai dit que j'aimais Marguerite.

On est arrivé devant l'élégante habitation ; la cour qui la précède est remplie d'équipages, de calèches, de cabriolets.

— Je vois avec plaisir qu'il y a nombreuse société, et que nous n'arrivons pas les premiers, dit Durozel.

Un domestique avertit ces messieurs que presque toute la compagnie est réunie dans le grand pavillon du jardin, où l'on fait de la musique. Les deux amis s'y rendent, et remarquent sur leur chemin de grands préparatifs : un feu d'artifice, des illuminations, et jusqu'à un ballon qui doit probablement terminer la fête.

Le pavillon où l'on faisait de la musique était au milieu d'une belle pelouse, à cinq cents pas de la maison. Il ne contenait qu'une pièce, mais qui était fort belle, taillée en rotonde, et dans laquelle deux cents personnes pouvaient se réunir.

— Laissez-moi entrer le premier et vous annoncer, dit Durozel à son ami, en montant les marches qui conduisaient à la porte du pavillon.

— Pourquoi n'entrerais-je pas sur-le-champ avec vous?

— Parce que je veux que votre entrée fasse de l'effet, et pour qu'une chose fasse de l'effet, il faut qu'elle soit préparée... — Mais je ne tiens pas du tout à faire de l'effet... — Ah! mon cher ami, laissez-moi donc agir à mon idée...; restez là trois minutes seulement, et puis vous entrerez.

Alexis cède, il reste sur le perron, et Durozel entre dans l'intérieur du pavillon, où plus de soixante personnes étaient déjà réunies. La belle Hélène, dans une toilette délicieuse, s'apprêtait à exécuter un morceau de harpe. Beaucoup de dames, dont plusieurs étaient jolies, parce que, pour une fête extraordinaire, il avait bien fallu déroger un peu à ses habitudes, étaient assises près de M⁰ᵉ de Pomponney, et une foule d'hommes élégants se tenaient debout derrière ces dames.

En apercevant Durozel, Hélène, qui allait prendre sa harpe, s'arrête et lui dit :
— Vous êtes bien aimable d'être venu à notre petite fête ; mais n'amenez-vous pas mon cousin?
— Il me suit, dit Durozel, il est arrivé avec moi.

Un sourire de satisfaction vient errer sur les lèvres de M⁰ᵉ de Pomponney, qui jette quelques regards d'intelligence sur plusieurs dames qui l'entourent, en disant tout bas :
— J'aurais été désolée qu'il ne vînt pas..., car j'espère qu'il nous fera bien rire, ce pauvre petit cousin ! Je vous ai prévenues, mesdames, il faudra vous en amuser.

A peine Hélène achève-t-elle ces paroles, que la porte du pavillon s'ouvre de nouveau, et un jeune homme élégant se présente, avec autant d'aisance que de grâce, jusqu'au milieu du cercle où est M⁰ᵉ de Pomponney.

C'était Alexis ; mais Hélène le regarde quelques instants, et ne peut croire que ce soit son cousin ; car la gaucherie, l'embarras, les manières de province ont fait place à l'élégance, au bon ton, à l'habitude du monde ; si bien que la figure même a changé ; car des yeux qui se reposent sur vous avec une noble assurance ne ressemblent plus à ceux que l'on tenait baissés, ou qui ne se levaient qu'avec timidité ; et une bouche sur laquelle erre un sourire quelque peu sardonique donne à la physionomie une tout autre expression que deux lèvres entr'ouvertes ou qui se rapprochent et s'avancent en faisant la moue.

— Ma cousine, dit Alexis en saluant Hélène, je vous remercie de ne m'avoir pas oublié ; quant à moi, j'avais conservé un souvenir trop agréable de votre bal pour ne point m'empresser de me rendre à votre invitation.

Le ton à moitié railleur dont ces paroles ont été prononcées interdit un moment M⁰ᵉ de Pomponney ; elle regarde Alexis en balbutiant :
— Mon cousin..., je suis charmée de... En vérité, vous êtes tellement changé..., j'avais peine à vous reconnaître...
— Mais vous allez nous exécuter un morceau, je crois ; que ma présence ne vous interrompe pas ; je serai fort aise de vous entendre.

Toutes les dames se regardent, puis reportent les yeux sur M⁰ᵉ de Pomponney, comme pour lui dire : C'est là ce jeune homme que vous nous aviez annoncé comme si gauche, si niais !... c'était donc une plaisanterie ?
— Je ne le reconnais plus, murmure Hélène.
— Oui, il est changé pour la mise et la démarche, dit à demi-voix M. Dartigue en caressant ses favoris, mais il faudra voir le reste.

Alexis est allé rejoindre Durozel, et passe la société en revue. Cependant Hélène a pris sa harpe, elle veut exécuter un morceau ; mais, soit émotion, soit contrariété, elle joue mal et quitte l'instrument sans vouloir finir, en disant :
— Cette harpe ne tient pas l'accord !... c'est insupportable, il n'y a pas moyen de jouer dessus !
— Passons au piano alors, dit Dartigue ; chantez-nous quelque chose, madame.
— Non, pas maintenant, dit Hélène ; mais Thénaïs va chanter... Monsieur Robertin, où est donc votre fille ?

Un monsieur qui était debout contre les carreaux d'une fenêtre sur lesquels il faisait des chevaux une petit morceau de craie, se retourne vivement, en s'écriant :
— Comment ! est-ce que Thénaïs s'est éclipsée ?... Elle est capable de courir dans le jardin après des papillons.
— Non, mon père, me voilà ! dit une demoiselle bien grasse, bien rouge, en quittant un coin du pavillon où elle causait avec une dame, que me veut-on ? — Que vous nous mettiez au piano, ma fille. — Pourquoi faire, papa ? — Oh ! quelle question !... Certainement ce n'est pas pour jouer du violon. M⁰ᵉ de Pomponney, votre amie, vous demande une romance. — Moi, je n'en sais pas par cœur. — Tu dois savoir ma romance de la Mort de César, l'œuvre de ton père.

M⁰ˡˡᵉ Thénaïs fait une singulière figure en répondant : — Non certainement, je ne la sais pas ; d'ailleurs, c'est une romance d'homme.
— C'est juste, répond Robertin ; moi, je la chanterais si j'étais moins enroué. Cependant, si on le désire..., je ferai un effort.

Au lieu de prier Robertin de faire un effort, Hélène s'adresse à une jeune dame, en lui disant :
— Et vous, Emmeline, ne chanterez-vous rien ?
— Volontiers, répond la jeune dame : le duo des Puritains, si quelqu'un veut le dire avec moi.

Aucun homme ne répondait : Alexis s'avance alors et dit à la dame :

— Je crois savoir un peu ce duo ; si vous daignez être indulgente, je l'essayerai avec vous.

La jeune dame accepte et se place au piano où Alexis la suit. Hélène fixe ses yeux sur son cousin, et semble attendre avec étonnement ce qui va se passer.

Le duo est chanté avec goût par la dame, avec pureté et sentiment par Alexis ; des bravos retentissent dans tout le salon. Hélène seule est tellement surprise, qu'elle ne peut dire un mot. M. Dartigue s'assied dans un coin, se mord les lèvres, et semble très-occupé de ses gants.

— C'est singulier, dit Robertin en s'adressant à Durozel, le cousin de M⁰ᵉ de Pomponney n'est pas reconnaissable ! Il avait l'air si bête cet hiver au bal, en Amour.
— C'est vrai, dit Durozel, il a perdu son air bête ; voilà la différence qu'il y a entre lui et certaines personnes que je vois ici.

M⁰ᵉ de Pomponney se lève, en disant :
— Voilà assez de musique..., passons au jardin ; allons à la pièce d'eau. Si ces dames veulent se promener en bateau avant le dîner, nous trouverons des embarcations toutes prêtes, et je ne doute pas que ces messieurs ne veuillent bien nous servir de pilotes, ou tout au moins de bateliers.

Tout le monde quitte le pavillon : en se levant, Hélène a fait quelques pas vers son cousin comme pour voir s'il lui offrirait la main ; mais Alexis causait avec la grosse et fraîche Thénaïs qu'il se rappelle maintenant avoir vue autrefois chez Hélène avant qu'elle fût M⁰ᵉ de Pomponney, et il laisse passer sa cousine sans s'offrir pour être son cavalier. Alors un sentiment de dépit semble se peindre sur les traits de la belle Hélène, qui accepte machinalement la main qu'un jeune homme lui présente. M. Dartigue est resté en arrière, toujours occupé de ses gants, qui ne collent pas parfaitement sur sa main.

On se dirige du côté de la pièce d'eau, et Robertin suit la société, en disant : — Je n'irai pas sur l'eau... Ce sont de ces récréations que je goûte peu ; non que je craigne l'eau, je nage comme un poisson ! mais l'eau est toujours humide, cela enrhume..., et je désire pouvoir chanter ce soir. Thénaïs, tu n'iras pas sur l'eau.
— Pourquoi cela..., papa..., cher ami ? répond la grosse demoiselle en folâtrant dans le jardin.
— Parce que... tu ne sais pas nager. — Mais il n'y a que quatre pieds d'eau tout au plus..., on ne peut pas se noyer. — Mais, ma fille, reprend Robertin en se rapprochant de Thénaïs et baissant la voix, si vous tombiez..., songez donc que... Avez-vous un caleçon ?... — Ah ! par exemple..., je n'ai jamais porté de ça... — Eh bien donc..., on ne s'expose pas à nager quand on n'a point de caleçon.

M⁰ˡˡᵉ Thénaïs s'éloigne de son père en haussant un peu les épaules, et Robertin avise un fort bel ébénier sur l'écorce duquel il se dispose à faire un cheval avec la pointe de son couteau.

M. de Pomponney était près de la pièce d'eau sur laquelle on apercevait de jolies barques ornées de banderoles, de petits drapeaux de diverses couleurs ; il va au-devant de sa femme, en criant :
— Allons donc, mesdames ! voici les joutes qui vont commencer... ; j'ai voulu mettre Caporal en batelier, mais le coquin s'est sauvé..., il n'aime pas l'eau... A propos, et le petit cousin est-il venu..., que nous lui fassions des farces..., qu'il nous divertisse un peu, que nous le...

Alexis se trouvait justement alors à deux pas du mari d'Hélène ; celle-ci faisait des signes à M. de Pomponney pour qu'il se tût ; mais voyant qu'il ne la comprend pas, elle se décide à l'interrompre, en disant :
— Mon cousin est arrivé..., le voilà près de vous...
— Qui sera charmé de pouvoir vous divertir, monsieur, dit Alexis en saluant d'un air railleur M. de Pomponney. Au reste, ce ne sera pas la première fois que j'aurai ce plaisir..., car avant cette mémorable soirée du bal où je vous fis tant rire, nous nous étions déjà rencontrés un soir..., dans la rue..., vous fîtes même une pirouette qui se termina sur une borne.

M. de Pomponney devient violet, et semble fort mal à son aise ; mais il tâche de sourire, et serre la main d'Alexis en s'écriant :
— Ah !... oui..., oui..., je vois... Votre santé est bonne, monsieur Rauville ?... enchanté de vous posséder ici.
— Quelle est donc cette rencontre dans la rue ? demande Hélène. Vous ne m'aviez jamais dit, monsieur, que vous connaissiez mon cousin.
— Oh ! ce n'est rien..., une histoire..., une plaisanterie... Ah çà, mesdames, les batelets vous attendent ; et vous, messieurs, j'espère que vous allez montrer votre adresse... Il y a de longues perches tamponnées pour la joute... ; seulement, comme cela ne vous amuserait sans doute pas de tomber à l'eau, il suffira de renverser son adversaire dans le batelet pour être proclamé vainqueur... Ah ! si Caporal n'avait pas peur de l'eau..., il aurait jouté..., mais il est dans le jardin, et je ne puis pas découvrir où il s'est caché.

Toute la compagnie va s'asseoir autour de la pièce d'eau, et les jeunes gens s'élancent sur des barques, où, munis de longues perches, ils essayent, comme les jouteurs, de se renverser mutuellement. Jusqu'alors les vaincus ne sont tombés que dans leur batelet sur un lit de feuillage préparé à cet effet, et la joute semble devoir se terminer sans autre incident, lorsque Alexis, après avoir laissé le beau Dartigue être plusieurs fois vainqueur de ses adversaires, se jette à son tour dans une barque, et prenant en main l'arme des jouteurs, semble attendre qu'on lui offre le combat.

— A nous deux, monsieur, dit Dartigue en apercevant Alexis sur une barque. Je suis curieux de voir si vous vous tenez là aussi bien qu'à cheval.

— En effet, dit Alexis, je crois un jour vous avoir envoyé un peu de poussière, et je dois m'efforcer de réparer cela...

Dartigue semble sûr de sa force, il veut renverser le jeune homme en appuyant sa perche sur sa poitrine; mais au moment où il croit le toucher, Alexis se penche en avant, l'arme de son adversaire glisse derrière lui, et au même instant atteignant de sa perche les jambes de Dartigue, il le pousse si brusquement de côté, que celui-ci perd l'équilibre et tombe dans l'eau, au bruit des éclats de rire de toute la société.

Alexis a sauté sur le rivage, Dartigue en fait autant après avoir barboté quelques instants dans la pièce d'eau. Sa toilette est perdue, et il est surtout furieux d'un événement qui fait rire tout le monde à ses dépens. Il s'approche d'Alexis et lui dit, en dissimulant avec peine sa colère :

— Monsieur, il me semble que ce n'est pas ainsi qu'on était convenu de jouter.

— Monsieur, répond Alexis en riant, je vous avais couvert de poussière avec mon cheval, j'ai voulu effacer cela aujourd'hui en vous faisant prendre un bain...

— Cette plaisanterie pourrait ne pas être de mon goût.

— Oh! monsieur, vous êtes parfaitement libre de la prendre comme il vous plaira...

Hélène, qui s'aperçoit que cette altercation peut devenir sérieuse, s'empresse de s'interposer entre ces messieurs, en s'écriant :

— Eh bien! qu'est-ce donc?... voudrait-on se fâcher? je trouverais cela fort maladroit... Nous sommes à la campagne, toutes les malices

— Alexis! tu viendras demain de bonne heure.., entends-tu ?... — Page 39.

y sont permises... D'ailleurs, monsieur Dartigue doit se souvenir que cet hiver, à mon bal travesti, mon cousin a fort bien pris les plaisanteries qu'on lui a faites..., il est juste que chacun ait son tour.

— Oui, oui, s'écrie M. de Pomponney qui désire se remettre bien avec Alexis. La culbute dans l'eau est fort drôle..., j'ai ri comme un fou, moi... Ah! ce pauvre Dartigue..., le voilà trempé... Courez à mon appartement, mon cher ami..., demandez mon domestique, il vous donnera de quoi changer...

Dartigue n'a pas attendu les derniers mots de M. de Pomponney, il a pris sa course vers la maison. Pendant ce temps, Durozel serrait la main d'Alexis et lui disait tout bas :

— Bravo, vous allez comme un ange...; mais tâchons de trouver le singe et gardons quelque chose pour le bouquet.

La société s'est dispersée; les uns suivent une allée, les autres s'asseyent sur un banc de verdure. Hélène se promène en causant avec des dames; plusieurs fois elle a tourné la tête pour voir si Alexis ne

C'était en effet Caporal que l'on avait attaché dans une énorme corbeille, laquelle avait été ensuite fixée avec des cordes sous l'aérostat. — Page 50.

viendrait pas de son côté, mais Alexis s'est enfoncé dans une autre partie des jardins, où son seul désir est de parvenir à trouver Caporal.

Le son d'une cloche avertit que le dîner est servi, chacun retourne vers la maison, où tout le monde se retrouve : Hélène pensive, distraite et faisant ses efforts pour paraître gaie, M. de Pomponney très-inquiet de son singe qu'il n'a pas retrouvé; M. Dartigue de fort mauvaise humeur, parce que les habits du mari d'Hélène ne lui vont pas et qu'il se trouve ridicule dedans; Robertin enchanté de lui, parce qu'il est persuadé que le cheval qu'il a fait sur l'écorce d'un ébénier grandira perpétuellement avec l'arbre; enfin, Alexis, lançant à Durozel des regards satisfaits qui signifient que sa vengeance sera complète.

Le dîner est triste, comme tous les grands repas, où chacun se contente de parler bas à sa voisine, et de faire un échange de politesse avec son voisin. Robertin, seul, parle très-haut, s'adresse à tout le monde, et tâche de se rappeler une anecdote sur chaque mets que l'on sert. Alexis était placé fort loin d'Hélène, entre une petite fille gourmande et une dame laide : c'était sans doute pour le punir de n'avoir pas une seule fois offert la main à sa cousine. Le jeune homme prend son parti en faisant honneur au dîner, et Mme de Pomponney voit encore avec dépit que maintenant, au lieu de ne songer qu'à la contempler, son cousin mange avec infiniment d'appétit.

Beaucoup de personnes, qui n'étaient invitées que pour la fête du soir, viennent bientôt se joindre à la société déjà rassemblée chez Mme de Pomponney. La réunion devient si nombreuse, que les salons ne peuvent la contenir; mais à peine le jour a-t-il disparu, qu'une illumination générale donne au jardin un aspect magique, et chacun s'empresse de se répandre dans ses brillantes allées, en attendant que l'orchestre annonce l'ouverture du bal.

Alexis et Durozel se promenaient en face de la figure de Dartigue, qui, n'ayant pu se décider à garder un habit et un pantalon de M. de Pomponney, venait d'essayer de se mettre en jardinier. Robertin donnait le bras à sa fille, parlant très-haut, suivant son habitude, pour attirer l'attention sur lui, et Thénais tirait toujours son père du côté d'Alexis, pour lequel la vive et enjouée demoiselle se sentait un secret penchant.

Mais une exclamation de surprise échappe aux deux amis, lorsque, dans une jeune dame bien parée qui vient d'arriver pour le bal, ils reconnaissent Mme Saint-Albert.

Ces messieurs s'empressent d'aller présenter leurs hommages à la jeune dame, celle-ci paraît charmée de la rencontre et leur dit :

— Je connais fort peu Mme de Pomponney, cependant elle a eu la bonté de m'envoyer une invitation pour sa fête ; je n'y serais pas venue sans mon amie que voilà, et qui m'a entraînée. Mon mari n'a pu m'accompagner, il vient de partir pour le Havre ; mon amie comptait sur son frère qu'une affaire subite retient je ne sais où. Bref, nous sommes venues sans cavaliers..., voulez-vous être les nôtres ? Oh ! mais, soyez tranquilles, nous ne serons pas trop exigeantes, nous vous permettrons de danser avec d'autres, et de nous quitter quand cela vous fera plaisir.

Mme Saint-Albert était assez jolie et assez aimable pour que la proposition pût être regardée comme une faveur ; Alexis s'empresse de lui offrir son bras ; Durozel prend celui de son amie, et tous quatre se dirigent vers une tente élégante élevée dans le jardin, et sous laquelle tout est disposé pour le bal.

Un orchestre délicieux donne le signal : les quadrilles se forment, les danseurs s'élancent ; par une belle nuit d'été, dans un jardin éblouissant de feux de mille couleurs, il semble que tout nous invite au plaisir, que la musique soit plus suave, les femmes plus belles, leurs parures plus séduisantes ; enfin quelque chose agit sur tous nos sens, et il est bien difficile de ne pas être un peu étourdi, enivré par tout cela.

Alexis avait dansé déjà plusieurs fois avec Mme Saint-Albert, et puis il s'était promené avec elle quand on ne dansait pas ; il ne songeait point à lui faire la cour, mais il avait du plaisir à causer avec elle, parce qu'elle était aimable, rieuse, et s'appuyait sur son bras avec un laisser-aller charmant.

Plusieurs fois la belle Hélène s'était trouvée au même quadrille que son cousin ; elle avait remarqué qu'il dansait toujours avec la même dame, et ses yeux s'étaient attachés fort longtemps sur Mme Saint-Albert.

Le beau Dartigue avait quitté la fête, vexé de sa chute dans le bassin, mécontent de ne point produire d'effet dans son costume de jardinier ; il venait de remonter en cabriolet et était reparti pour Paris.

Une foule de jeunes gens entouraient Hélène ; chacun d'eux briguait la faveur d'une contredanse ou d'un tour de promenade dans les jardins. Alexis ne voulait point grossir le nombre des adorateurs de sa cousine, et celle-ci, tout en faisant la coquette avec les jeunes élégants qui l'entouraient, cherchait sans cesse des yeux son jeune cousin, et avait peine à dissimuler son impatience de le voir constamment près de Mme Saint-Albert.

Durozel observait tout ce qui se passait, et il était d'une gaieté folle, qu'il parvenait souvent à faire partager à Alexis.

Enfin Hélène vient d'apercevoir Alexis seul ; il va passer devant elle sans s'arrêter ; elle l'appelle, et lui dit en tâchant de sourire :

— Mon cousin, la mode anglaise est donc maintenant en usage en France ?

— Que voulez-vous dire, ma cousine ? reprend Alexis, en regardant Hélène d'un air surpris.

— Ne savez-vous pas qu'en Angleterre on adopte une danseuse pour toute la soirée ?... c'est cependant ce que vous avez fait ce soir..., vous ne dansez qu'avec cette Mme Saint-Albert... Savez-vous que je pourrais me formaliser de ce que vous n'avez pas eu... la pensée... de m'inviter une seule fois.

— En vérité, ma cousine, je n'ai pas cru devoir le faire ; comme au dernier bal que vous m'avez donné vous m'avez constamment refusé, j'ai pensé que cela ne vous était pas agréable de danser avec moi, et je ne croyais pas nécessaire d'essuyer un nouveau refus.

— Au dernier bal !... Comment, vous pensez encore à cela ?... cela vous a donc fait bien de la peine alors de ne point danser avec moi ?...

Alexis ne savait trop que répondre ; heureusement pour lui l'orchestre fait entendre le prélude de la contredanse ; il salue alors sa cousine, et s'éloigne, en lui disant :

— Mille pardons, ma cousine ; mais Mme Saint-Albert m'attend pour la contredanse.

— Ah ! c'est trop fort, murmure Hélène en déchirant et jetant à ses pieds avec colère les fleurs d'un superbe bouquet qu'elle tenait à sa main.

En ce moment, M. de Pomponney passe devant sa femme, elle l'arrête et lui dit :

— Monsieur, après cette danse, vous ferez tirer le feu d'artifice. — Comment, déjà, chère amie ? mais il n'est que minuit et demi..., on devait danser jusqu'au jour.

— Cela m'est égal... J'ai mal à la tête..., aux nerfs..., je suis horriblement fatiguée, je veux me retirer. — Mais c'est que je n'ai pas encore retrouvé mon singe... ; je suis inquiet de ce pauvre Caporal... Si l'on me l'avait pris... — Monsieur, il ne s'agit pas de votre singe. Je vous répète qu'après cette danse, je veux le feu d'artifice et le ballon lumineux : j'espère qu'après cela toute la société s'en ira.

M. de Pomponney avait pris l'habitude d'obéir à sa femme ; à peine le quadrille est-il terminé, qu'une bombe part et annonce le feu.

— Déjà ! déjà !... s'écrie-t-on de toutes parts ; mais les fusées sont lancées, et chacun court se placer sur une pelouse devant laquelle on tire le feu. Alexis et Durozel n'ont point abandonné leurs dames. Ils sont près d'elles, mais ils se parlent bas ; et lorsqu'après le feu on entend annoncer le ballon, Alexis quitte vivement sa place et se dirige vers un grand espace entouré de pieux et de cordes, dans lequel on avait attaché le ballon, afin que personne ne pût en approcher avant le moment où l'on devait le lancer dans les airs.

On laisse M. Robertin chercher son arbre. — Page 52.

Plusieurs cercles de verres de couleur entouraient le ballon, afin qu'on pût, la nuit, le suivre dans les airs. Depuis le matin le gaz avait gonflé l'aérostat, qu'une seule corde empêchait de quitter la terre.

— Qui est-ce qui lâchera la corde ? crie M. de Pomponney qui craint d'être accroché et enlevé de terre en allant trop près du ballon.

— Ce sera moi, si vous le permettez, répond Alexis qui a déjà franchi les barrières, et vient de prendre derrière un taillis quelque chose qui ressemble à une corbeille d'osier.

— Allez, allez, dit M. de Pomponney, nous sommes prêts, nous attendons.

Alexis reste quelque temps baissé près du ballon, au bas duquel il semble attacher quelque chose ; enfin il se relève, et, après avoir coupé la corde, court reprendre sa place auprès de Mme Saint-Albert.

Cependant le ballon s'élève majestueusement au milieu du jardin ; tous les yeux se portent sur lui, et bientôt on s'écrie :

— Tiens !... mais il y a une nacelle dessous..., on dirait même qu'il y a du monde dedans. — Oui, certainement, il y a quelque chose... Est-ce que quelqu'un fait une ascension ?

4

Un cri part de la foule... C'est M. de Pomponney qui hurle, beugle et se tortille comme un désespéré, parce qu'il vient de reconnaître son singe sous le ballon. C'était en effet Caporal que l'on avait attaché dans une énorme corbeille, laquelle avait été ensuite fixée avec des cordes sous l'aérostat.

Le singe essayait de se dégager, et faisait d'horribles contorsions en se voyant monter dans les airs.

— Ne coupez pas la corde! s'écrie M. de Pomponney en faisant d'aussi laides grimaces que son singe.

Mais il n'était plus temps; déjà le ballon a dépassé les arbres, et bientôt il se perd derrière des bois voisins, aux cris d'admiration de la société, qui trouve que c'est une idée délicieuse de faire faire une ascension à un singe.

— C'est affreux! c'est abominable!... s'écrie M. de Pomponney. Ah! si je savais qui m'a joué ce tour-là!...

Hélène s'était rapprochée d'Alexis, et, se penchant vers lui, elle lui dit à l'oreille :

— Je vous fais compliment, mon cousin; vous avez pris une revanche éclatante.

Alexis ne répond que par un sourire, puis, s'apercevant que Durozel a quitté les deux amies, il se rapproche d'elles, au moment où Mme Saint-Albert dit à Hélène :

— Madame, votre fête était délicieuse; je ne saurais vous dire combien je m'y suis amusée... Ensuite, j'ai eu le plaisir de retrouver chez vous monsieur votre cousin, qui a bien voulu être mon cavalier..., et qui sera sans doute assez bon pour accepter une place dans notre calèche..., car, pour revenir à Paris, deux femmes seules dans une voiture..., je ne serais pas tranquille...

— Madame n'avait donc pas pensé à cela en venant ici ? dit Hélène d'un air un peu moqueur.

— Je croyais qu'on passerait toute la nuit, qu'on ne s'en irait qu'au jour..., et alors j'aurais été très-bravo...

— Mesdames, dit Alexis, je vous remercie de vouloir bien me permettre de vous ramener à Paris...

— Mais n'êtes-vous pas venu avec votre ami Durozel? reprend Hélène en regardant Alexis d'une façon singulière.

— Oh! je ne suis pas inquiet de lui; il a notre cabriolet, et il reviendra bien seul... Adieu, ma cousine, votre fête était charmante. Je suis aux ordres de ces dames.

— Eh bien! partons alors.

Les deux amies s'éloignent avec Alexis, dont Mme Saint-Albert vient de prendre le bras. Hélène les regarde s'éloigner, et le dépit, la jalousie semblent la suffoquer.

XVIII. — SOUVENT FEMME VARIE.

Le lendemain de la fête donnée à la campagne de M. de Pomponney, Durozel arrive chez Alexis, qui dormait encore, et lui saute au cou, en s'écriant :

— Mon ami, il faut que je vous embrasse... Je suis si content de vous!... Vous avez été superbe hier chez votre cousine...; aussi quel triomphe!... M. Dartigue prenant un bain dans le bassin..., ce vieux Pomponney tremblant devant vous, dont il espérait se moquer; le singe enlevé avec le ballon..., Mme Saint-Albert et son amie qui vous emmènent dans leur calèche! votre cousine, dont vous ne vous occupez plus, et qui, par conséquent, va beaucoup s'occuper de vous...

— Vous le pensez?... — Je le gagerais... — Croiriez-vous qu'elle m'a reproché de ne point l'avoir invitée pour la danse?... — Elle vous reprochera bien autre chose!... — Mais que m'importe, mon ami, puisque je ne l'aime plus?... — Eh bien, je serais enchanté qu'elle vous aimât, d'abord parce que je vous l'ai promis, ensuite parce que je m'intéresse à vous, parce que vous êtes de mon élève, et que je tiens à ce que mon élève me fasse honneur. — Ah! mon cher Durozel, rendez votre élève heureux, et alors il vous devra une éternelle reconnaissance. — Il me semble que je vous fais faire tout ce qui peut conduire à ce but.

— Mais vous ne me parlez jamais de Marguerite. — Je ne puis vous parler d'une jeune fille que je ne connais pas, que vous-même connaissez à peine... Cependant je n'oublierai pas le service qu'elle m'a rendu en m'aidant à vous détacher de votre cousine...; mais ensuite il n'est pas très-raisonnable à vous de vous prendre de passion pour une personne dont vous ne connaissez ni la famille ni même le nom..., que vous ne reverrez peut-être jamais.

— Fort bien, dit Alexis d'un ton de reproche, vous étiez enchanté de me voir devenir amoureux de Marguerite lorsque cela pouvait me détacher de ma cousine, et maintenant qu'Hélène m'est devenue indifférente, vous voudriez déjà que j'oubliasse cette pauvre petite...

— Moi!... je ne veux rien que vous voir moins romanesque!... Et Mme Saint-Albert..., qu'en avez-vous fait cette nuit?

— Cette nuit..., mais je l'ai ramenée chez elle..., et je l'ai quittée.

Durozel sourit d'un air de doute, et Alexis, qui s'en aperçoit, s'écrie :

— En vérité, mon cher Durozel, vous voudriez me rendre aussi mauvais sujet que... — Achevez..., que moi, voulez-vous dire? — Non, mais que M. Frison. — Oh! ce ne serait pl... ' même genre. Après

tout, est-ce votre faute si hier, à cette fête, Mme Saint-Albert s'appuyait sur votre bras avec beaucoup d'abandon?... — Vous croyez?... — Tout le monde l'a remarqué..., et surtout votre cousine. — Mais, à propos, si, comme c'est présumable, M. de Pomponney apprend que c'est moi qui ai attaché son singe sous le ballon, il est probable qu'il défendra à sa femme de m'inviter à aller encore chez lui. — M. de Pomponney défendre quelque chose à sa femme..., il serait bien venu!... et moi je vous fais au contraire le pari qu'avant peu vous recevrez une nouvelle invitation de votre cousine.

La prédiction de Durozel ne tarde pas à s'accomplir. Trois jours après la fête où il a assisté, Alexis reçoit une lettre de sa cousine; mais cette fois ce n'était pas une circulaire, c'était un petit billet bien plié, bien ambré, et écrit tout entier de la main d'Hélène; il contenait ces mots :

« Mon cousin, voulez-vous venir passer la journée de demain avec moi à Sussy? j'ai à vous parler de quelque chose qui vous intéresse. Je compte sur votre exactitude; je vous attendrai. »

Alexis relit deux fois ce billet; il ne voit pas ce que sa cousine peut avoir à lui dire qui l'intéresse, et, suivant son habitude, il va montrer la lettre à Durozel, en lui disant :

— Que dois-je faire?

— Accepter l'invitation..., aller chez votre cousine...

— A quoi bon?... je n'ai plus rien à lui dire..., je m'ennuierai à cette campagne...

— D'abord, ce ne serait pas poli de refuser, puisqu'on vous attend ; ensuite, quoique l'on ne soit plus amoureux d'une femme, lorsqu'elle est aussi jolie que Mme de Pomponney, on ne s'ennuie pas en tête-à-tête avec elle...

— Vous êtes étonnant, Durozel ; maintenant on croirait que vous voulez que je redevienne amoureux de ma cousine!

— Non..., mais il ne faut pas non plus avoir l'air de la fuir..., ce serait faire croire que vous l'adorez encore... — Allons, j'irai à Sussy ; mais du moins pendant ce temps promettez-moi de continuer vos recherches. — Je vous le promets, à condition que vous arriverez chez votre cousine vers une heure de l'après-midi... — C'est de bien bonne heure... — On vous attend pour passer la journée. — Soit..., c'est une journée qui me semblera bien longue ; mais je vous rends responsable de tout ce qui peut arriver. — Très-volontiers, que cela ne vous gêne pas.

Le lendemain, sur les onze heures du matin, Alexis prend un cabriolet et se fait conduire à Sussy. L'aspect de la campagne, le silence des champs, l'ombrage mystérieux des bois, exercent toujours une douce influence sur votre cœur ; quand on est amoureux, il semble qu'on le soit encore plus à la campagne qu'à la ville, du moins est-on plus libre de s'y livrer à ses pensées d'amour. Aussi tout le long de la route une image est présente au souvenir d'Alexis ; mais ce n'est plus celle d'Hélène, et en arrivant au terme de son voyage, c'est avec une secrète tristesse qu'il entre dans la demeure de sa cousine, car il sait bien qu'il n'y trouvera pas celle qui maintenant occupe toutes ses pensées.

Alexis n'avait vu la propriété de M. de Pomponney que le jour où il y avait fête; ces jardins qu'il a trouvés pleins de monde sont à présent solitaires; plus d'apprêts de bal, d'illuminations, d'artifice ; le gazouillement des oiseaux a succédé aux cris de la folie ; le bruissement du feuillage, le murmure des ruisseaux, ont remplacé les sons d'un orchestre nombreux.

Alexis préfère cela ; les jardins lui semblent plus agréables, il se promène avec plus de plaisir sous les sombres allées redevenues solitaires : les personnes qui aiment vraiment la campagne ne s'y rendent pas pour y retrouver la ville.

— En approchant de la maison, Alexis aperçoit un domestique, il l'arrête :

— Mme de Pomponney est-elle visible?

— Oui, monsieur, madame est maintenant dans le petit salon au rez-de-chaussée. — Et M. de Pomponney? — Monsieur n'est pas ici..., il est retourné à Paris.

Alexis n'est pas fâché de n'avoir point l'ennui de se trouver avec M. de Pomponney ; cependant en réfléchissant, en songeant qu'il va demeurer seul avec sa cousine pendant toute une journée, il éprouve un secret embarras ; il ne se sent pas à son aise. C'est dans ces dispositions qu'il arrive dans le salon où il trouve sa cousine.

Hélène assise sur une causeuse, et s'occupait à faire de la tapisserie. Il était difficile d'avoir une toilette à la fois plus simple et plus jolie que celle de Mme de Pomponney ; c'était une charmante robe du matin, où le bon goût et l'élégance se cachaient sous l'apparence du négligé ; sur sa tête, Hélène avait un petit bonnet délicieux, qui se mariait parfaitement avec les belles boucles de ses cheveux : le *Journal des Modes* n'aurait pu offrir dans ses gravures une femme plus jolie et plus gracieusement habillée.

Alexis ne put s'empêcher d'être un moment comme ébloui de la beauté de sa cousine, qui l'accueillit avec le plus doux sourire et l'invita à venir s'asseoir près d'elle, en lui disant :

— Vous êtes bien aimable, mon cousin, d'être venu me tenir compagnie..., je craignais d'abord que quelques affaires ne vous empêchassent de vous rendre à mon invitation.

— Ma cousine, c'était un devoir pour moi de...
— Un devoir..., oh ! ne parlons pas de devoir entre nous ! on croirait que vous me regardez comme votre grand'tante...
— Ce n'est pas cela que je voulais dire... mais j'ai dû m'empresser de venir, puisque... Ne m'avez-vous pas écrit que vous aviez à me parler de quelque chose qui m'intéressait ?
— Ah ! c'est pour ce motif seulement que vous êtes venu ?... si je n'avais pas mis cela dans ma lettre, vous n'auriez pu vous décider à venir passer une journée avec moi ?...
— Non..., ce n'est pas pour cela... assurément ; mais... — Eh bien, mon cher cousin, c'est un piège que je vous ai tendu ; j'étais entièrement seule ici, M. de Pomponney est retourné à Paris..., toute ma société m'a quittée, j'ai songé à vous pour venir charmer ma solitude !..., pour tenir compagnie à une pauvre femme abandonnée... Ai-je eu tort..., ai-je trop présumé de votre complaisance ?
— Non, ma cousine, non certainement.

Le ton dont Alexis vient de dire ces mots n'annonce pas qu'il soit bien enchanté qu'on l'ait choisi pour société ; aussi Hélène le regarde-t-elle un moment, en faisant une petite mine un peu boudeuse, mais bientôt elle reprend son air aimable et lui dit :
— D'ailleurs, j'ai en effet à vous parler, mon cousin ; oh ! j'ai beaucoup de choses à vous dire !...
— Eh bien, ma cousine, parlez..., je vous écoute...
— Oh ! vous avez le temps..., j'espère que vous ne songez pas à repartir... Comment êtes-vous venu ici ?
— Dans un cabriolet que j'ai pris à Paris.
— Vous l'avez renvoyé, je pense. — Mais non..., il restera jusqu'à ce soir pour m'attendre... — Quelle folie !... est-ce que je n'ai pas une calèche, moi..., pour vous reconduire à Paris ?...
— Je ne savais pas..., cela pourrait vous gêner..., vous avez besoin de votre voiture. — Et si je retourne à Paris avec vous, est-ce que cela vous contrariera ? — Non, sans doute, mais je ne voudrais pas que pour moi... — Ah ! vous craignez de ne pas être aussi bien dans ma calèche que dans la voiture de Mme Saint-Albert ?... — Pourquoi donc cela, ma cousine ?... Vous plaisantez, je le vois. — C'est que j'ai trouvé bien drôle, cette dame. Je la connaissais à peine !..., je l'avais invitée... comme on invite quand on veut avoir beaucoup de monde... d'ailleurs, j'étais loin de me douter... Au reste, je suis bien aise de vous avoir ainsi procuré un grand plaisir..., car vous paraissez être... fort intimement lié avec... Mme Saint-Albert. — Moi ?... mais non, je vous jure... Je vais quelquefois à ses soirées, voilà tout. — De la discrétion, mon cousin, c'est bien..., cela fait votre éloge. Mais entre nous, tenez, vous pouvez bien m'avouer... que vous êtes l'amant de cette dame.
— Son amant !... cela n'est pas, je vous assure... Je n'ai jamais pensé à lui parler d'amour ! — Il y a des choses que l'on fait sans y penser !... et d'autres que l'on ne fait plus..., quoique l'on y pense toujours... — Ma cousine, je vous jure que je ne suis point l'amant de Mme Saint-Albert.

Hélène regarde Alexis d'un air incrédule, puis elle se lève, en lui disant :
— Je reviens dans un moment... Vous permettez ? — Ah ! ma cousine ! si je croyais vous gêner en rien, je partirais sur-le-champ. — Vous auriez grand tort !... je veux au contraire que vous restiez..., et c'est pour cela... Attendez-moi ici.

Hélène a quitté le salon... Alexis, resté seul, réfléchit à ce qui lui arrive, et se dit :
— Il y a quelques mois, si l'on m'avait dit : Vous passerez une journée entière, seul, à la campagne, avec votre cousine ; c'est elle qui vous priera de ne point la quitter..., oh ! alors, je serais devenu fou de joie..., mon âme n'aurait pu suffire à mon bonheur... ; et aujourd'hui..., c'est presque malgré moi que je reste..., c'est plutôt par politesse que par plaisir... Il est vrai qu'elle s'est moquée de moi..., mais ce n'est pas cela qui m'a guéri... Cependant ma cousine est toujours bien jolie !... il faut en aimer beaucoup une autre pour ne plus être sensible à sa beauté.

Hélène revient et retourne s'asseoir près d'Alexis, en lui disant :
— Mon cousin, devinez-vous ce que je viens de faire ?
— Non, ma cousine... — Je viens de renvoyer votre cabriolet.

Alexis fait un mouvement de surprise, en s'écriant : — Quoi !... vous avez..., — Oui, sans doute. J'ai brûlé vos vaisseaux pour vous forcer de rester avec moi... Eh bien ! on dirait que cela vous fait peur ?...
— Non, ma cousine ; mais... je dois retourner à Paris... — Rien ne vous presse, je pense... Vous pouvez bien rester avec moi jusqu'à demain. — Jusqu'à demain !... — Pourquoi pas ?... oh ! j'ai de quoi vous loger..., j'ai beaucoup de chambres d'amis... — Mais c'est que... demain... — Demain, si vous ne vous êtes pas trop ennuyé, vous resterez encore... Si vous étiez bien aimable, vous passeriez huit jours avec moi... Cette propriété est fort jolie, et puis les environs sont charmants ; nous irons en nous promenant à Grosbois..., aux Camaldules... Nous prendrons des ânes, des chevaux, ce que vous voudrez ; à la campagne, tout est permis pour s'amuser..., et je tâcherai que vous ne vous ennuyiez pas trop.

Alexis est tout étourdi de ce qu'il entend, et, embarrassé pour répondre, il balbutie :

— Mais... M. de Pomponney ?
— Mon mari ! eh bien ! est-ce que cela le regarde ?... Peu lui importe, je vous assure, quelle est la société qui vient me voir... ; il suffit d'ailleurs que cela me plaise... ; et puis, croyez-vous donc qu'il me blâmerait de recevoir mon cousin ?...
— Ah ! c'est que je pensais..., ce qui est arrivé à la fête... — Ah ! vous voulez parler de l'ascension du singe !... Vous ne savez donc pas que j'ai dit que c'était moi qui avais eu cette idée, qui vous avais prié de l'exécuter ; et, comme Caporal est redescendu sain et sauf à deux lieues d'ici, que les paysans l'ont rapporté en triomphe avec le ballon, M. de Pomponney a fini par être enchanté de cette aventure ; il ne parle plus que de l'ascension de son singe ! si bien qu'un de ces jours je m'attends à le voir s'enlever lui-même en ballon avec Caporal.

Alexis admire l'esprit des femmes, qui leur fait toujours arranger à leur avantage ce qui embarrasserait un homme. Hélène se lève et jette de côté sa tapisserie en s'écriant :
— Ainsi, voilà qui est arrangé..., vous me tenez compagnie pour huit jours...
— Oh ! non, cela n'est pas possible, répond Alexis : il faut que demain je sois à Paris.

Hélène ne peut retenir un mouvement de dépit, mais elle tâche cependant de paraître fort gaie et de rire en répondant :
— Ah ! oui..., je conçois... Ah ! ah ! que j'étais folle de penser que vous pourriez être plusieurs jours sans voir Mme Saint-Albert... Oh ! mais vous tomberiez malade assurément... Et de son côté cette dame mourrait de chagrin. Je ne veux pas causer tous ces malheurs, et demain je vous rendrai votre liberté.
— Ma cousine, je vous répète que vous êtes dans l'erreur. Mme Saint-Albert n'est pour rien dans tout ceci... ; si je ne puis avoir le plaisir de passer plusieurs jours avec vous ici, c'est que j'ai à Paris des affaires... qui y nécessitent ma présence...
— C'est bien, c'est très-bien, mon cousin ; mon Dieu, vous ne me devez aucun compte de votre conduite... J'étais indiscrète, voilà tout.

Hélène s'approche d'un piano, regarde de la musique, prélude un moment sur les touches, et pendant ce temps sa physionomie perd son expression de dépit, pour en prendre une tendre et mélancolique. Alexis reste assis ; il écoutait la jolie femme et ne disait rien. Tout à coup Hélène quitte le piano, en disant : — Mon cousin, voulez-vous venir faire un tour de promenade dans notre petit parc..., vous n'êtes venu qu'une fois..., vous ne le connaissez encore qu'imparfaitement.
— Je suis à vos ordres, ma cousine. — Eh bien ! allons. Ah ! mais je ne pense pas à vous rien offrir... Avez-vous déjeuné ? — Oui, ma cousine. — J'espère que vous ne feriez aucune façon. D'abord, à la campagne, les façons sont de mauvais ton ; ensuite, vous devez vous considérer ici comme chez vous. — Je vous remercie, ma cousine ; mais je vous répète que je n'ai besoin de rien. — En ce cas, allons nous promener.

On descend au jardin. Alexis marche un moment près d'Hélène, puis s'aperçoit qu'il est impoli de ne point lui offrir son bras, et s'empresse de le faire. La jeune femme prend le bras qu'on lui présente, en disant d'un air moqueur :
— C'est bien heureux ! je croyais en vérité que vous aviez juré à Mme Saint-Albert de ne point donner le bras à d'autres qu'à elle. Allons, ne vous fâchez pas..., je plaisante..., il faut bien rire un peu..., et quelquefois on a besoin de se distraire...

Hélène a soupiré en disant ces mots, et elle appuie très-fortement son bras sur celui de son cavalier. C'est elle qui conduit Alexis et lui sert de guide. Les jardins sont spacieux, c'est presque un parc, ainsi que l'a dit Mme de Pomponney. Une partie est dessinée en jardin anglais, une autre en bois, une autre coupée à la française. C'est vers les allées les plus sombres, les plus touffues, que la cousine d'Alexis le conduit de préférence ; la chaleur du jour pouvait justifier le goût d'Hélène pour les ombrages épais, mais la médisance aurait pu aussi en tirer de malignes conséquences.

La conversation languissait entre les promeneurs. Alexis était distrait, et, tout en admirant les délicieux bosquets ménagés dans le jardin, il lui arrivait souvent d'avoir l'esprit occupé de tout autre chose et de répondre machinalement et quelquefois de travers à ce que lui disait sa cousine. Hélène remarquait la préoccupation de celui qu'elle aurait voulu voir n'être occupé que d'elle ; elle en éprouvait une contrariété qui perçait dans ses discours ; elle finit par cesser de parler, et Alexis ne parut point s'en apercevoir, si bien qu'ils se promenèrent alors fort longtemps sans se dire un seul mot.

Tout d'un coup Alexis sentit que l'on retirait vivement le bras qui était sous le sien, puis il vit sa cousine, dont le teint était animé par le dépit, qui était allée s'asseoir sous un bosquet de chèvrefeuille, en s'écriant :
— Je crois que la promenade vous ennuie par trop, mon cousin ; il est inutile de la prolonger.
— Ah ! pardonnez-moi, ma cousine, dit Alexis en allant se placer près d'Hélène ; je suis bien distrait, n'est-ce pas ?
— Distrait !... on pourrait peut-être trouver un autre mot !... Vous

vous ennuyez avec moi...; je regrette maintenant de vous avoir presque forcé à rester. — Ma cousine..., vous vous trompez, je vous assure. Mais au salon vous m'avez dit en effet que vous aviez à me parler de beaucoup de choses..., eh bien!... je vous écoute...

Hélène semble embarrassée, elle cueille quelques branches de chèvrefeuille, dernières fleurs restées au bosquet, et les effeuille dans sa main, en murmurant :

— Oui..., je voulais vous dire... bien des choses...; mais maintenant je ne sais plus si je le dois... — Pourquoi donc? — C'est que... Tenez, Alexis..., je puis bien vous nommer ainsi, n'est-ce pas? entre parents on peut bannir la cérémonie. — Vous me ferez plaisir, ma cousine. — Eh bien! je vais vous parler avec franchise..., à condition que vous en aurez aussi avec moi...; le voulez-vous?—Très-volontiers, ma cousine.

Hélène se recueille un moment, puis, tendant la main à son cousin, comme un signe de réconciliation, lui dit avec un sourire enchanteur :

— Alexis..., j'ai eu bien des torts envers vous..., n'est-ce pas? — Des torts?... mais..., ma cousine... — Ah! vous m'avez promis d'être franc aussi. Oui, j'ai eu des torts, j'en conviens... Lorsque vous êtes arrivé à Paris..., je ne vous ai pas reçu... comme j'aurais dû le faire..., vous aussi..., vous êtes un peu fâché de cela?

— Non, ma cousine. — Eh bien! vous aviez l'air si gauche, si timide!... je n'ai pas pu m'empêcher de rire... de votre peu d'habitude du monde... C'est très-mal, je le sens bien...; mais, que voulez-vous? dans la société les occasions de rire sont si rares! on les saisit quand elles se présentent. Ensuite..., à mon bal masqué..., votre déguisement était si drôle..., et puis, vous ne saviez pas le porter... Tous ces jeunes gens qui m'entouraient voulaient vous jouer quelque espièglerie..., j'aurais dû le leur défendre...; mais dans le carnaval on se permet bien folies..., je ne croyais pas que cela vous fâcherait...

— Je n'aurais pas dû me fâcher, ma cousine; je l'ai senti depuis.
— Tout cela fut la faute de M. Dartigue... Au reste, vous vous êtes bien vengé, mon cousin. D'abord, il vous a suffi de quelques mois, pendant lesquels j'ai été sans vous voir, pour devenir un jeune homme tout à fait à la mode, prenant de tous les points, les manières de la bonne société...; ensuite, vous avez attaché sous un ballon de pauvre singe..., cause innocente de votre colère; ensuite vous avez jeté à l'eau M. Dartigue.

— Et vous me pardonnez cela, ma cousine? dit Alexis d'un air un peu ironique.

— Non-seulement je vous le pardonne, mais j'en ai été très-contente... Depuis ce jour je n'ai pas revu M. Dartigue...

— Je serais bien fâché de vous avoir brouillée avec ce monsieur. — Oh! depuis quelque temps nous ne nous voyions plus que fort peu... Je suis, au contraire, enchantée que cela ait tout à fait rompu nos relations! Pour revenir à votre vengeance, à cette fête que je donnais, vous ne m'avez pas une seule fois invitée à danser...

— Ma cousine... — Mais vous avez très-bien fait! je méritais cela pour avoir cet hiver refusé constamment vos invitations! Ensuite..., vous... vous...

Hélène balbutie et devient embarrassée; elle reprend d'une voix émue :

— Enfin, mon cousin, puisque je conviens de mes torts..., il me semble que vous ne devriez plus être fâché contre moi...

— Aussi je ne le suis plus, ma cousine..., et je vous jure que mon cœur ne conserve aucune rancune et que j'ai pour vous cet attachement sincère que l'on se doit entre parents.

Alexis a dit cela avec un ton de franchise, de vérité, qui ne fait aucun plaisir à Hélène, car elle aurait voulu entendre une autre déclaration; mais dans les paroles, dans la voix de son cousin il n'y a plus rien qui annonce l'amour; aussi reçoit-elle presque avec humeur l'assurance de son amitié, et jette-t-elle à terre avec impatience les fleurs qu'elle tenait encore à sa main, en disant d'une voix entrecoupée :

— C'est bien, monsieur..., je vous remercie; oh! je vois qu'en effet vous êtes maintenant pour moi un parent..., un parent très-respectueux!... je vois que vous n'avez gardé aucun souvenir du passé...

Un profond soupir accompagne ces paroles. Alexis devient sérieux à son tour, car en lui rappelant le passé, Hélène a blessé son cœur, et sans lui rendre son amour, lui a rendu le souvenir de toutes les tortures que son premier attachement lui a fait endurer; il ne dit plus rien, mais il soupire aussi, et un long silence succède à la conversation qui avait lieu sous le bosquet.

Il y avait déjà longtemps que ce silence durait, et nul ne cherchait à le rompre. Alexis était profondément enseveli dans ses réflexions, et Hélène voyait avec un secret plaisir cette tristesse qui avait reparu sur le front du jeune homme, elle épiait ses soupirs, cela lui faisait espérer le retour d'un sentiment que maintenant elle se sentait très-disposée à partager.

Tout à coup des voix se font entendre dans le jardin, ce sont deux personnes qui semblent s'approcher du bosquet sous lequel le cousin et la cousine sont assis. Hélène écoute d'abord avec surprise, puis bientôt avec dépit, en reconnaissant la voix de Thénaïs et celle de son père.

— Ah! quel ennui! s'écrie Mme de Pomponney, ne pas pouvoir passer une journée comme on l'espérait!... oh! mais c'est insupportable!... Et je n'ai pas pensé à faire dire que j'étais absente!... ah! voilà de ces choses qui n'arrivent qu'à moi!

Hélène n'avait pas achevé son exclamation, que Mlle Thénaïs accourait près d'elle en sautillant, tandis que monsieur son père paraissait au détour d'une allée.

— Bonjour, Hélène, bonjour, ma bonne amie! s'écrie la grosse et fraîche demoiselle, en courant embrasser la petite-maîtresse et en laissant échapper un mouvement de satisfaction à l'aspect d'Alexis.

— C'est nous, ma chère Hélène, c'est nous..., moi et mon père, qui venons te voir...

— Mais je le vois bien que c'est vous, répond Mme de Pomponney, en cherchant à déguiser sa mauvaise humeur sous un sourire.

— Madame de Pomponney, j'ai l'honneur de déposer à vos pieds tout ce que j'ai d'hommages, dit Robertin en s'avançant; votre jardin est délicieux..., bien entretenu..., mais je n'ai pas encore retrouvé l'arbre sur lequel j'ai fait un cheval..., je ne sais plus si c'est un chêne ou un bouleau... Eh! c'est monsieur votre cousin, je crois..., M. Alexis Ranville, qui a si bien chanté un duo italien l'autre jour... Monsieur, je dépose mes civilités..., enchanté d'avoir le plaisir de me retrouver avec un aussi bon musicien.

Pendant qu'Alexis salue le père et la fille, Mme de Pomponney dit aux nouveaux venus :

— Par quel hasard ai-je le plaisir de vous voir à Sussy?... — Ce n'est pas le hasard! nous venons bien exprès, belle dame! dit Robertin.

— Sans doute, reprend Thénaïs; le jour de la fête tu m'as dit : Il faudra venir passer quelques jours avec moi à cette campagne, toi et ton père s'il a le temps..., et nous profitons de ton invitation.

— Ah! oui..., oui..., je m'en souviens! répond Hélène. En vérité, ce jour-là je ne sais pas où j'avais la tête, ajoute-t-elle tout bas, en se tournant vers Alexis.

— Il fait un si beau temps aujourd'hui! nous en avons profité, dit Thénaïs.

— Et vous venez passer la journée avec moi? reprend Hélène, en simulant un air satisfait.

— La journée..., oh! mieux que cela..., nous resterons toute une semaine...

— Oui, belle dame, nous vous consacrons huit jours, et plus même, si vous le désirez! ajoute Robertin, en tâchant de ramener les coins de son col contre ceux de sa bouche; disposez de nous... D'abord je me sens en ce moment un goût très-prononcé pour la campagne... O rus! comme dit Virgile... ou Jean-Jacques..., je ne sais plus lequel, ô rus!... Thénaïs, rus veut dire campagne, retiens cela. — Oui, mon bon ami.

Cependant Hélène a pâli en entendant parler du temps qu'on veut lui consacrer, quitte le bosquet en disant :

— En vérité, ma chère Thénaïs, toi et ton père vous avez bien mal choisi votre temps..., et cela me contrarie beaucoup...

— Comment donc cela?
— C'est que..., ce soir même, il faut que je retourne à Paris. — Ce soir!... ah! comme c'est contrariant!

— Mais, dit Robertin, si Mme de Pomponney ne va à Paris que pour peu de temps, nous pourrions rester ici, ma fille et moi, et l'y attendre..., je me sens disposé à me plaire à la campagne..., ô rus!...

— Je ne sais pas quand je reviendrai, monsieur, répond Hélène, qui ne se soucie pas d'avoir le père et la fille installés chez elle.

— C'est bien fâcheux! dit Thénaïs.

— Ma foi, dit Robertin, j'ai bien fait alors de ne pas amener avec nous Mme Roustoubique et milady Crokmilove...; ce sont deux dames fort distinguées, qui auraient été charmées de faire la connaissance de Mme de Pomponney..; mais puisque madame doit sortir tout à l'heure une autre fois..., et ce soir, puisque madame retourne à Paris, nous y retournerons avec elle..., elle voudra bien nous ramener dans sa calèche...

— Oui, monsieur, oui, avec plaisir! répond Hélène qui voit bien qu'il n'y a pas moyen d'éviter cet arrangement. Puis s'emparant du bras d'Alexis, elle sort du bosquet en disant : Promenons-nous..., profitons du reste du jour..., d'ailleurs on dîne tard ici...; mais si tu es fatiguée, Thénaïs, toi et ton père, vous n'êtes pas obligés de vous promener..., liberté entière.

— Oh! ce qui me plaît! dit Mlle Thénaïs, je ne suis jamais fatiguée, moi..; d'ailleurs, nous sommes venus en petite voiture...

— Moi, mesdames, je vous laisse aller avec M. Ranville, dit Robertin, je ne suis pas grand marcheur... Et puis je veux chercher cet arbre sur lequel j'ai fait un cheval...; ensuite j'irai me mettre au piano...; j'ai un motif délicieux dans la tête..., j'en ferai une romance ou une contredanse.

On laisse M. Robertin chercher son arbre, et l'on se dirige vers une petite porte qui donne sur la campagne. Hélène est disposée à faire une longue promenade; elle tient le bras d'Alexis, et de temps à autre tourne la tête de son côté, en s'appuyant assez fortement sur lui. Thénaïs marche ou plutôt court autour d'eux, semblable à ces petits chiens qui font toujours cinq ou six fois autant de chemin que leur maître; elle va en avant, revient, s'arrête pour cueillir une feuille ou une fleur, puis se retrouve à côté d'Hélène ou d'Alexis ; celui-ci a été sur le point d'offrir son autre bras à la joyeuse demoiselle ; mais sa cousine, qui a deviné son intention, lui a positivement dit à l'oreille :

— Je ne veux pas que vous lui donniez le bras ! c'est déjà bien assez de l'avoir avec nous !

On se promène dans les environs de Sussy qui sont charmants ; cependant les promeneurs ne semblent pas s'amuser beaucoup. Hélène est maussade, Alexis distrait, et la pauvre Thénaïs s'épuise en vain en saillies pour les égayer ; forcée de faire presque à elle seule les frais de la conversation, Mlle Robertin rappelle à son amie le temps où elles étaient ensemble en pension.

— Ah ! comme nous nous amusions alors ! dit Thénaïs ; moi, j'ai souvent regretté la pension ; et toi, Hélène ?...

— Moi..., mais je ne sais..., quelquefois peut-être...

— J'étais amie avec tout le monde... C'est drôle, comme on se perd de vue... ; voilà cinq ans et demi de cela..., je ne rencontre plus aucune de mes camarades... ; nous nous étions cependant promis de ne jamais nous oublier, de nous écrire..., de nous revoir...

— En pension on se fait mille promesses..., mais on les a bien vite oubliées dès qu'on est dans le monde.

— C'est ce qu'il me paraît. Ah ! il y a pourtant quelqu'un que j'aurais été bien contente de revoir..., car je l'aimais beaucoup..., c'est Marguerite... Te rappelles-tu la petite Marguerite Meynaud ?...

Au nom de Marguerite, Alexis a tressailli, tandis que sa cousine répond :

— Oui..., je me rappelle fort bien..., je ne pouvais pas la souffrir, moi, cette petite fille.

— Elle était pourtant bien jolie..., et puis si douce..., si bonne !... Et dire que je ne l'ai jamais rencontrée..., que je n'ai jamais eu de ses nouvelles !...

— Comment ? tu n'as donc pas su ce qu'a fait son père... — Son père ? mais non..., je ne sais pas... — Quoi ! tu ne sais pas que ta chère Marguerite, l'objet de ta prédilection, est la fille d'un voleur !...

— D'un voleur !...

— Qu'avez-vous donc, Alexis ?... est-ce que vous avez aperçu une couleuvre ?... vous avez fait comme un mouvement d'effroi...

— Moi, ma cousine, mais non..., je n'ai rien..., j'écoutais ce que vous alliez dire... du père de cette jeune fille..., que je ne connais pas...

— Oh ! conte-moi donc cette histoire, s'écrie Mlle Thénaïs ; je suis curieuse de savoir ce qui concerne Marguerite...

— Mon Dieu ! c'est bien simple ! Tu as su qu'il y a... quatre ans et demi à peu près, je perdis ma fortune par suite de la banqueroute du banquier chez lequel étaient mes fonds. — Oui, oui, eh bien ? — Ce banquier ne fit banqueroute que parce qu'il avait été volé..., on lui avait pris cinq cent mille francs !... Or, tu sauras que M. Meynaud, le père de Marguerite, était justement employé chez ce banquier ; il n'était pas caissier ; mais il travaillait sous les ordres du caissier. Le jour où l'on vola le portefeuille contenant les cinq cent mille francs, il fut prouvé que M. Meynaud était venu le soir travailler à la caisse..., que lui seul avait les clefs du bureau..., enfin que c'était lui qui avait pris le portefeuille...

— Ah mon Dieu !... comment ! le père de Marguerite..., il avait l'air d'un si brave homme !...

— Est-ce qu'il faut se fier à l'air !...— Et que lui a-t-on fait..., a-t-il avoué son vol ? — Il n'a rien avoué ; mais il n'a pas pu nier être venu seul le soir au bureau. Cependant, comme la portière de la maison avait cru voir passer un autre homme dans l'escalier qui conduisait à la caisse, comme enfin définitive l'argent ne fut point retrouvé, M. Meynaud ne fut condamné qu'à cinq ans de prison... C'est un singulier jugement ! quand cet homme aura fini son temps, il ira probablement avec sa fille s'établir en pays étranger avec les cinq cent mille francs qu'il a volés !

— Pauvre Marguerite ! fille d'un homme qui a fait une si mauvaise action ! — Ne vas-tu pas encore la plaindre !... Je gage, moi, qu'elle fera un riche mariage avec l'argent que son père a volé à mon banquier.

Thénaïs ne dit plus rien, elle ne sautille plus, ne folâtre plus dans les champs ; ce qu'elle vient d'apprendre lui fait de la peine ; quant à Alexis, il éprouve un trouble, une émotion dont il n'est pas maître. Quoique rien ne lui prouve encore que la personne dont on vient de parler soit cette même Marguerite à laquelle il pense sans cesse, le récit qu'il vient d'entendre l'a vivement agité, et tout ce que ses souvenirs lui rappellent de la jeune fille de la rue Corbeau ne contribue pas à ramener le calme dans ses esprits.

On revient chez Mme de Pomponney, on trouve Robertin au piano, poussant des cris terribles qu'il veut faire passer pour des roulades. Enchanté d'avoir appris par les domestiques que le singe est descendu à terre en fort bonne santé après un séjour de trois heures dans les airs, le père de Thénaïs veut absolument faire une romance sur l'ascension de Caporal ; et comme il possède tous les talents, après en avoir fait les paroles et la musique, il se propose d'en dessiner aussi la lithographie.

Hélène fait servir le dîner ; elle a remarqué la mélancolie qui semble s'être emparée de son cousin, et n'en a que plus de hâte de se débarrasser des importuns qui sont venus troubler son tête-à-tête. Après les avoir ramenés à Paris, elle espère ne pas être longtemps sans revenir à Sussy.

Le dîner est triste malgré tous les efforts de Robertin qui se met en frais de gaieté et ne peut faire sourire personne, pas même sa fille. Mlle Thénaïs ne rit pas de tout comme à son ordinaire, mais elle regarde Alexis toutes les fois qu'elle croit qu'on ne s'en aperçoit pas.

Robertin se console de la taciturnité des convives en mangeant comme quatre, et s'écrie à chaque instant :

— C'est singulier comme la campagne me donne de l'appétit : ô rus !... Thénaïs, tu sais ce que cela veut dire..., rus ?... champs..., campagne..., verdure !...

A peine a-t-on quitté la table, qu'un domestique vient annoncer à Mme de Pomponney que les chevaux sont mis à sa calèche.

— Partons ! dit Hélène... — Quoi ! déjà ? s'écrie Thénaïs.

— Mais, ma fille, dit Robertin, il y a loin d'ici à Paris, et il est prudent de partir avant la nuit.

Le fait est que Robertin, enchanté d'aller en calèche découverte, tient beaucoup à être vu dedans pendant qu'il fait encore jour.

On monte en voiture, et on arrive à Paris sans autre accident que d'avoir été obligé de s'arrêter deux fois pour ramasser le chapeau de Robertin, qui l'a laissé tomber en se penchant par trop hors de la voiture.

Enfin Hélène a mis devant leur demeure Robertin et sa fille. Elle se retrouve un moment seule avec Alexis, et lui dit :

— Quand vous verrai-je maintenant !

— Bientôt, ma cousine, bientôt..., j'ai à vous parler..., j'ai à causer avec vous.

Le ton dont Alexis dit ces paroles fait vivement battre le cœur d'Hélène, et posant sa main sur celle du jeune homme, elle lui dit, en le regardant avec tendresse :

— Et moi aussi, Alexis, j'ai encore mille choses à vous dire... ; ces importuns nous ont empêchés de nous parler..., de nous entendre... Revenez bientôt..., j'y serai toujours pour vous.

Mais la voiture s'arrête, et Alexis quitte Mme de Pomponney.

XIX. — ROUTE DE SAINT-GERMAIN A POISSY.

Quand on nous laisse entrevoir un événement qui briserait notre cœur, qui froisserait nos affections, anéantirait toutes nos espérances, nous nous faisons à chaque instant mille raisonnements spécieux pour essayer de nous prouver à nous-mêmes que nos craintes sont chimériques et mal fondées ; mais, malgré notre désir de ne pas croire à ce qui détruirait notre bonheur, un secret pressentiment, plus fort que notre esprit, nous rend déjà malheureux lorsque nous n'avons pas encore la certitude de l'être.

Ainsi un jaloux se sent triste, oppressé en voyant un cavalier aimable, galant, placé près de celle qu'il aime, et quoique ce cavalier n'ait pas encore adressé un mot à la dame qui est près de lui, le jaloux pressent que cette circonstance peut lui être fatale, et il se tourmente déjà de ce qui n'est pas encore arrivé.

Ainsi, en quittant le fils qu'elle chérit, une mère calcule tous les dangers qui peuvent l'assaillir en voyage ; il ne doit revenir que dans un temps éloigné, et son inquiétude, à elle, date du premier jour de leur séparation ; rien ne lui annonce encore un malheur, mais son imagination en a créé mille ; et si l'un n'arrive pas, évitera-t-il aussi bien les autres ! Une imagination vive et fertile est souvent un don fatal. Si quelquefois elle nous procure des jouissances, elle sert bien souvent à nous créer des peines.

En quittant sa cousine, Alexis a constamment présent à la pensée ce qu'il a entendu dire de la jeune pensionnaire qu'on a nommée Marguerite Meynaud.

— Mais ce ne peut pas être cette Marguerite que je connais, se dit Alexis. Pourquoi serait-ce celle-là ?... Le nom de Marguerite est porté par tant de femmes..., pourquoi serait-ce la même ?

Et tout en voulant repousser cette idée, Alexis rappelle à son souvenir tout ce qu'il sait de la jeune fille de la rue Corbeau ; le mystère qui semble envelopper ses actions, la solitude dans laquelle elle vit, son éloignement pour toute société, ce nom de Marguerite qui est le seul qu'elle se donne, enfin, cet homme qu'elle reçoit et dont l'extérieur n'était pas fait pour inspirer la confiance.

— Cet homme ne peut être son père ! se dit ensuite Alexis ; je l'ai vu, et malgré sa longue barbe, sa pâleur, je suis certain qu'il est trop jeune pour être le père de cette jeune fille... Non ..., ce n'est point d'elle que parlait Hélène.

Mais au bout d'un moment, Alexis se souvient qu'un jour, dans l'entretien qu'il a eu avec sa cousine, il a parlé de sa cousine, à la petite Marguerite, et que la jeune fille a tressailli au nom d'Hélène de Brévanne ; puis, en songeant aux bonnes manières de la jolie Marguerite, à sa façon de s'exprimer qui annonce une bonne éducation, ses soupçons reviennent avec plus de force, et il se dit :

— Si c'était pourtant !... fille d'un voleur !..., pauvre jeune fille ! ce ne serait pas sa faute..., mais ce serait affreux !

Cette fois Alexis ne va pas trouver Durozel, il ne voudrait pas que celui-ci sût ce qui l'inquiète, il craindrait que l'expérience de son ami ne devinât trop vite la vérité; mais dès le lendemain Alexis se rend chez sa cousine, de laquelle il espère obtenir des renseignements plus précis sur la personne qu'elle a nommée Marguerite Meynaud.

Alexis a dit son nom, et une femme de chambre l'a sur-le-champ introduit près d'Hélène, qu paraît très-flattée de l'empressement que son cousin montre à la revoir.

— Ma cousine, dit Alexis, vous allez me trouver importun maintenant ; je vous ai quittée hier au soir..., et je reviens aujourd'hui.

— Importun ! vous..., non, vous ne le pensez plus, j'espère...; je vous attendais, ou au moins je vous espérais.

— Vraiment ? — Ne m'avez-vous pas dit hier que vous aviez à causer avec moi ? — En effet... — Eh bien, causons..., il faut espérer qu'ici nous serons plus heureux qu'à la campagne, qu'on ne viendra pas nous déranger... ; d'ailleurs j'ai fait défendre ma porte... Voyons, Alexis, qu'avez-vous à me dire ?

Ces mots sont accompagnés d'un regard bien tendre et d'un si doux sourire, que pour ne point comprendre ce que l'on veut qu'il dise, il faut avoir la tête et le cœur préoccupés comme Alexis.

Le jeune homme rapproche sa chaise de la causeuse d'Hélène, il passe sa main sur son front et lui dit, sans fixer ses yeux sur les siens :

— Ma cousine..., hier je vous ai entendue parler avec Mlle Robertin d'une jeune personne qui a été en pension avec vous..., et que vous nommiez Marguerite Meynaud..., je voudrais que vous me fissiez bien exactement le portrait de cette demoiselle... Un... de mes amis... connaît Marguerite..., et je serais bien curieux de savoir si c'est celle qui fut votre camarade de pension.

Hélène a écouté Alexis d'abord avec attention, puis avec impatience, avec dépit, et lorsqu'il a fini de parler, elle tourne avec colère les pages d'un album, en répondant d'un ton moqueur et fâché tout à la fois.

— En vérité, mon cousin, voilà quelque chose de bien intéressant ; et si c'est pour me dire cela qu'il vous tardait tant de me revoir..., j'avoue que je suis beaucoup moins touchée de votre empressement !... Que je fasse le portrait d'une jeune fille... que je n'ai pas vue depuis plus de cinq ans !..., eh ! qu'importe, à moi, votre ami et Mlle Marguerite?... qu'ai-je besoin de m'occuper encore de cette fille ?... Vraiment, Alexis, vous choisissez bien mal le sujet de votre conversation, et je suis tentée de croire que vous voulez en ce moment vous amuser à mes dépens et continuer la vengeance que vous avez juré de tirer de moi.

Alexis ne s'attendait pas à cette sortie, il ne comprend pas en quoi il a pu fâcher Hélène ; mais plus il s'excuse, plus il cherche à expliquer le motif de ses questions, et plus Mme de Pomponney témoigne d'humeur et de contrariété : elle finit par retourner sa chaise avec impatience, comme ne voulant plus l'écouter. Alors Alexis se lève en disant :

— Pardon, ma cousine, je m'aperçois que je vous ennuie..., je me retire...

— Eh bien ! que faites-vous ?... vous partez maintenant ! s'écrie Hélène, en fixant ses beaux yeux sur son cousin.

— Mais..., puisque ma conversation vous donne de l'humeur... Ne pouvez-vous donc me parler de choses qui me sont indifférentes ?... ne pouvez-vous trouver autre chose à dire ?... En vérité, Alexis..., c'est bien mal..., on croirait que vous prenez à tâche de me faire de la peine...

Hélène détourne la tête et porte sa main sur ses yeux. Alexis revient s'asseoir, n'osant plus rien dire et ne pouvant pas comprendre ce qui peut faire pleurer sa cousine.

Mais Hélène essuie ses yeux avec son mouchoir, puis se lève, et s'efforçant de paraître gaie, reprend :

— Je ne sais que j'ai..., je suis folle...; Alexis, ne soyez pas fâché..., je suis bien maussade aujourd'hui... Pour vous prouver que vous ne m'en voulez plus..., il faut..., oh ! vous ne me refuserez pas... Dites que vous ne me refuserez pas...

— Si c'est quelque chose qu'il soit en mon pouvoir de... — Eh ! mon Dieu, monsieur ! il ne vous demande rien d'autre... Je viens d'apprendre qu'une de mes amies, qui habite l'été à Saint-Germain, est malade depuis quelques jours : elle me supplie d'aller la voir... Si j'allais seule à Saint-Germain, je mourrais d'ennui en route... Mais si vous venez avec moi, oh ! ce sera différent... — Quoi !... c'est pour aller à Saint-Germain... aujourd'hui... — Oui, monsieur, à l'instant même... On va mettre les chevaux à ma calèche... Il est de bonne heure...; nous serons à Saint-Germain à trois heures... Je passe une demi-heure chez mon amie ; nous ferons un tour dans la forêt, puis nous repartirons... Allons, c'est convenu, je vous emmène.

Et sans attendre de réponse, Hélène sonne, demande ses chevaux, puis passe dans son appartement pour se mettre en toilette de campagne.

Alexis n'est pas encore décidé à aller à Saint-Germain, que déjà Hélène revient coiffée d'un délicieux chapeau de paille, et lui dit :

— Les chevaux sont mis ; venez, Alexis, nous partons.

Alexis se laisse emmener, et il monte en voiture avec sa cousine, se disant : — En route, je pourrai, j'espère, ramener la conversation sur Marguerite, et elle sera peut-être alors d'humeur à me répondre.

Pendant que les chevaux fringants les entraînent, Hélène est redevenue gaie, rieuse, coquette ; il semble qu'elle veuille employer toutes les séductions pour faire la conquête d'Alexis ; mais il n'y a pas moyen de ramener la conversation sur un sujet qui ne lui plaît pas. C'est d'elle, toujours d'elle, qu'elle veut que l'on s'occupe, et lorsque Alexis essaye d'aborder un autre entretien, sa cousine saisit, par un mot, une saillie ou une question étrangère, couper bien vite la conversation.

On arrive à Saint-Germain, et la voiture s'arrête devant une jolie maison où demeure l'amie de Mme de Pomponney.

— Montez-vous avec moi ? demande Hélène en sautant hors de la voiture. — Non, ma cousine, je préfère vous attendre..., je vais faire un tour dans le bois... — Soit...; au fait, entendre parler toilette, modes, tout cela vous amuserait peu, je le conçois, je ne puis pas rester moins de trois quarts d'heure chez Mme Dormeuil, mais vous viendrez m'y chercher. — Oui, ma cousine. — Ne m'y laissez pas plus longtemps..., car trois quarts d'heure pour parler chiffons, c'est bien assez. — Je serai exact. — Songez que je vous attends... Si vous voulez garder la calèche pour vous promener ? — Non, je préfère marcher un peu.

Hélène entre dans la maison, et Alexis, qui connaît peu Saint-Germain, s'informe du chemin qu'il doit prendre pour trouver le bois.

— La seconde rue à votre gauche, monsieur, et tout droit devant vous, vous serez à l'entrée du bois sur la route de Poissy.

Alexis remercie la paysanne de qui il reçoit cette indication, et suit, en se promenant, une rue dans laquelle le soleil dardait en plein. Le temps était magnifique, mais la chaleur excessive ; aussi rencontrait-on fort peu de monde dans les rues de Saint-Germain. Les promeneurs attendaient pour sortir qu'il y eût de l'ombre et de la fraîcheur.

Alexis se trouve bientôt à l'entrée du bois qu'on lui a indiquée ; en regardant au loin devant lui, il n'aperçoit sur la route solitaire qu'une femme qui marche très-vite et porte un panier sous son bras.

Alexis était au moins à deux cents pas de cette femme, et cependant elle a sur-le-champ fixé son attention ; ses regards ne la quittent plus, il double le pas pour l'atteindre, et plus il se rapproche d'elle, plus son émotion redouble ; il croit reconnaître la taille, la tournure de Marguerite, et jusqu'à ce petit bonnet qu'elle porte avec tant de grâce et qu'elle lui rend si joli.

— Oui, c'est elle ! ce doit être Marguerite ! se dit Alexis en hâtant le pas ; je la retrouve enfin... Si je me trompais..., oh ! ce serait désespérant... ; mais mon cœur me dit que je ne me trompe pas ! Que vient-elle faire dans ce bois ?... où va-t-elle si vite ?... Mais rejoignons-la d'abord.

La jeune fille venait de prendre un des côtés de la route, et, pour éviter l'ardeur du soleil, d'entrer dans un sentier couvert qui est à l'entrée du bois, parallèle au grand chemin, et fait de cette route une des plus délicieuses promenades des environs de Paris.

Enfin Alexis a rejoint la personne qui était devant lui ; il pousse un cri de joie en voyant son visage. C'est bien Marguerite, et la jeune fille s'arrête, surprise et tout émue, en reconnaissant Alexis.

— C'est vous, mademoiselle ! je vous retrouve donc enfin ! dit Alexis avec un accent qui peint tout ce qu'il éprouve. Ah ! je bénis le hasard qui m'a conduit aujourd'hui à Saint-Germain ! Si vous saviez combien j'ai été malheureux depuis ce jour où il a été cause que vous avez précipitamment la maison que vous habitiez..., si vous saviez toutes les démarches..., toutes les courses entreprises pour vous retrouver..., mon bonheur lorsque je croyais être sur vos traces..., mon désespoir quand je voyais mes espérances déçues ! Ah ! si vous aviez été témoin de mes souffrances..., vous m'auriez plaint, au moins.

Marguerite est visiblement émue en écoutant Alexis, et ce n'est pas sans effort qu'elle cache le plaisir qu'elle goûte à l'entendre.

— Je ne croyais pas que vous pensiez encore à moi, dit-elle en baissant les yeux.

— Ne plus penser à vous !... ô mon Dieu !... vous m'avez donc bien mal jugé !... Et puis vous avez dû m'en vouloir..., cette demoiselle Amandine vous a insultée..., j'en suis la cause... Que de pardons j'ai à vous demander !

— Il y a longtemps que j'ai oublié tout cela !

— Depuis ce jour-là, je n'ai pas besoin de vous dire que j'ai cessé de voir cette demoiselle...

— Je ne vous demande pas cela, monsieur...

— Mais, moi, je tiens à ce que vous le sachiez... Revoir quelqu'un qui vous a fait de la peine !... ah ! je me suis assez repenti de cette liaison...

— Monsieur..., je vous demande pardon si je continue ma route ; mais... je suis un peu pressée, et il se fait déjà tard...

— Je ne voudrais nullement vous gêner... ; d'ailleurs, vous me permettrez de marcher auprès de vous..., on peut causer en marchant.

— Oh ! sans doute ! répond Marguerite en se remettant en route. Mais peut-être n'allez-vous pas... aussi loin que moi ?...

— J'irai où vous irez, peu m'importe... je suis si content de vous avoir retrouvée !... Vous ne me défendrez pas de vous accompagner, n'est-ce pas ? Si cela vous ennuie que je vous parle, eh bien, je marcherai en silence... Que je vous voie..., que je puisse rester près de vous, et je serai encore si heureux !

Il est difficile de ne pas être touché d'un sentiment vrai exprimé avec cet accent qui part du cœur. Aussi la petite Marguerite sent-elle sa respiration devenir plus courte, plus précipitée, et laisse-t-elle tomber un doux regard sur le jeune homme, en lui répondant :

— Certainement..., je ne puis pas..., je ne veux pas vous empêcher de marcher près de moi...; cela ne me fait pas de peine..., je veux dire que cela ne me contrarie pas..., mais... je vais jusqu'à Poissy !

— Eh bien, j'irai à Poissy !... j'irai partout où vous voudrez... Ah ! je suis si heureux !...

Cependant le front de Marguerite s'est rembruni; elle devient rêveuse, puis reprend d'un air embarrassé :

— Mais... je vais chez quelqu'un... où vous ne pouvez pas aller... Fort bien, mais pendant que vous ferez votre visite, je vous attendrai à la porte..., et puis nous reviendrons ensemble à Saint-Germain..., à Paris, si vous y retournez... Oh ! vous le voulez bien, n'est-ce pas ?... dites que vous le voulez bien !

Marguerite est quelque temps sans répondre ; enfin, regardant timidement le jeune homme, et d'un air presque craintif, elle lui dit :

— Monsieur Alexis..., vous ne voudriez pas me faire du chagrin..., j'en suis sûre.

— Vous avez raison d'en être persuadée ; j'ai déjà été trop fâché de vous en avoir causé involontairement ! Mais achevez.

— Eh bien..., il ne faudra pas me suivre quand nous arriverons à Poissy..., cela me... ferait avoir... des désagréments..., enfin vous me feriez une véritable peine si vous me suiviez...; mais vous ne voudriez pas me faire repentir de la confiance que j'ai en vous, n'est-ce pas, monsieur ?

Il y avait dans la voix de Marguerite quelque chose de suppliant et de digne cependant. Alexis se rappelle ses soupçons, ce qu'il entend devrait les accroître encore, et pourtant il sent que l'intérêt qu'il porte à la jeune fille augmente au lieu de diminuer.

— Votre confiance, répond Alexis en soupirant, ah ! je ne l'ai pas, car vous me cachez vos chagrins...; mais devez-vous donc séjourner longtemps à Poissy ?...

— Une heure ou deux... environ. — Eh bien, je vous laisserai aller seule dans Poissy, puisque vous semblez craindre d'y être vue avec moi, mais je vous attendrai dans le bois, et nous reviendrons ensemble... Ah ! vous ne pouvez me refuser cela...

Marguerite réfléchit quelques instants, puis répond enfin :

— Si cela vous fait plaisir..., eh bien..., attendez-moi..., je reviendrai avec vous.

Cette faveur était la première qu'Alexis obtenait de Marguerite ; mais la première faveur, quelque légère qu'elle soit, est toujours celle qu'on reçoit avec le plus de joie, parce que, par la raison que celle-là nous fait espérer toutes les autres. Dans son ivresse, Alexis saisit vivement la main de Marguerite ; il va la porter à ses lèvres ; mais en voyant cette main s'éloignant un peu, il sent qu'il ne doit se permettre aucune liberté avec cette jeune fille qui veut bien se fier à lui.

Cependant il offre son bras pour continuer la route, mais Marguerite le refuse.

— Nous marcherons aussi bien ainsi, dit-elle. — Mais il me serait si doux de vous donner le bras !... — Non, non... Je ne dois pas..., je ne puis accepter !... répond de nouveau la jeune fille en détournant tristement la tête. — Mais pourquoi ?... — Je vous en prie, ne me faites plus de questions.

Alexis se tait; ce qu'il entend lui rappelle ses craintes; le mystère qui semble envelopper toutes les actions de la jeune fille n'est pas fait pour dissiper ses soupçons, et pendant quelques minutes il marche près d'elle sans prononcer un seul mot.

Marguerite marchait vite; elle semblait avoir hâte d'arriver; pourtant le temps était superbe et le chemin charmant.

— Ah ! je voudrais ne jamais voir la fin de ce sentier ! dit Alexis en regardant tendrement sa jeune compagne de voyage. Marguerite baisse les yeux sans parler : mais Alexis a cru voir qu'un soupir avait répondu au sien.

Cependant un jour plus vif éclairant le feuillage annonce que l'on va sortir de la forêt; quelques maisons se dessinent au loin. Bientôt la jeune fille s'arrête en disant à son compagnon :

— Voilà Poissy..., n'allez pas plus loin... vous savez ce que vous m'avez promis ?...

— Mais nous ne sommes pas encore à Poissy. — Pardonnez-moi... — Eh bien..., puisque vous le voulez, je vais vous attendre ici. — Si cela vous plaît..., attendez-moi. — Vous reviendrez par cette route... Je vous reverrai, je ne voudriez pas me laisser vous attendre en vain ! — Non, monsieur, je ne sais pas tromper... Et d'ailleurs ce serait bien mal à moi, lorsque vous me témoignez tant d'intérêt... mais m'attendre deux heures..., songez que c'est bien long !... — Vous me promettez de revenir, cela me suffit. — Au revoir, monsieur.

Et la petite Marguerite, doublant le pas, courant plutôt qu'elle ne marche, continue sa route vers Poissy.

Alexis suit des yeux la jeune fille, en se disant : Dois-je respecter sa défense..., dois-je tenir ma promesse ?... Que va-t-elle faire dans cette ville ?... en la suivant je l'apprendrai sans doute..., je connaîtrai son secret..., je saurai si elle est en effet la fille de ce misérable qui... Que faire ?... ah ! je ne puis laisser échapper cette occasion d'éclaircir mes soupçons...; cela est mal, peut-être, mais mon amour doit m'excuser.

Une fois décidé à suivre Marguerite, Alexis s'élance, en se tenant sur le côté de la route, car il veut tâcher de ne point être vu de la jeune fille.

Mais Marguerite ne songe pas à se retourner ; elle est entrée dans Poissy, elle prend sur la gauche, suit un chemin où sont quelques maisons entourées de jardins, Alexis ne la suit que de très-loin; mais il ne la perd pas de vue. Enfin il la voit se diriger vers un grand bâtiment devant lequel il aperçoit une sentinelle. Alors un souvenir subit vient frapper Alexis... A Poissy il y a une maison de détention.

La jeune fille a passé sous une grande porte; elle est entrée dans ce bâtiment près duquel veille un factionnaire. Alexis s'est arrêté, il n'ose aller plus loin, il est pâle et tremblant. Au bout de peu d'instants, un homme sort de la maison d'arrêt, et va passer du côté où est Alexis. Celui-ci juge au costume de cet homme qu'il doit être employé ou commissionnaire de la prison, et au moment où il passe près de lui, il l'arrête en lui disant :

— Deux mots, s'il vous plaît... Vous pouvez me rendre un grand service, et qui ne saurait vous compromettre.

Ces paroles sont accompagnées d'une pièce d'or que l'on présente d'une main suppliante. L'homme, dont la figure est dure et commune, commence par prendre la pièce d'or, puis murmure :

— Qu'est-ce que c'est ? — Une jeune fille vient à l'instant d'entrer dans la maison de détention..., la connaissez-vous ?... Que va-t-elle faire là ?... ah ! de grâce !...

L'homme ne laisse pas Alexis achever sa phrase; il répond d'un ton bref et d'une voix rauque :

— Voir son père, Joseph Meynaud, condamné à cinq ans pour vol, et qui n'a plus que six semaines à faire.

Ces mots étaient à peine parvenus à l'oreille d'Alexis, et déjà l'homme qui les lui avait dits était bien loin de lui.

Le jeune homme est resté muet, et demeure quelque temps comme fixé à la même place; le voile qui couvrait la conduite de cette jeune fille vient d'être entièrement déchiré, il n'a plus d'illusions à se faire; celle qu'il aime est bien cette Marguerite dont Hélène et son amie ont parlé, ses pressentiments ne l'avaient point trompé.

Tout à coup Alexis prend sa course et s'éloigne à grands pas de la maison de détention en se disant : — Soyons homme; ayons du courage... Je ne puis plus aimer cette jeune fille..., à quoi cela me servirait-il ?... il vaut bien mieux ne plus la revoir; de cette façon, je l'oublierai..., j'ai bien oublié Hélène !..., et Durozel assure que l'on peut toujours vaincre ses passions !

Alexis regagne l'entrée du bois où il s'est séparé de Marguerite, mais arrivé là, il s'arrête et s'assied au pied d'un arbre ; il lui semble qu'il doit être fatigué, et il lui est nécessaire qu'il se repose.

Bientôt d'autres réflexions se présentent à son esprit. Il se dit que les enfants ne sont pas coupables des fautes de leur père, que cette jeune fille semble bien malheureuse, que ce serait mal à lui de l'abandonner sans lui avoir dit adieu, et que tout en n'ayant plus d'amour pour elle, il peut encore lui porter de l'intérêt ; enfin il se dit tout ce qu'un amoureux sait imaginer pour se donner raison en suivant le penchant de son cœur.

Deux heures s'écoulent, Marguerite ne paraît pas. Il était alors sept heures et demie, et Alexis n'avait rien pris depuis le matin ; cependant il ne songe pas à manger ; l'amour nourrit quelquefois, mais il n'engraisse jamais.

Alexis avait les yeux fixés sur le chemin par où devait revenir la jeune fille, le jour commençait à baisser, et il frémissait d'impatience ; après avoir voulu fuir Marguerite, il serait maintenant désolé de ne point la revoir.

Enfin une femme paraît du côté de Poissy : c'est Marguerite ; elle revient du bois, mais elle ne marche plus précipitamment, comme en se rendant près de son père. Maintenant elle s'avance lentement, la tête baissée vers la terre ; elle est pâle, une sombre tristesse est répandue sur son visage, cependant elle essaye de sourire en voyant Alexis.

— Vous m'avez attendue, monsieur, lui dit-elle; et pourtant... il est tard, je suis restée plus longtemps que je ne le pensais...

— Vous m'aviez promis de venir, et je voulais vous revoir, répond Alexis qui, en revoyant Marguerite, sent s'évanouir toutes ses résolutions.

— Eh bien ! monsieur..., nous pouvons partir. — Je suis à vos ordres, mademoiselle ; mais vous semblez souffrante maintenant... — Ce n'est rien..., cela se passera.

En disant cela, Marguerite s'est remise en route, et Alexis marche en silence près d'elle. Le temps devenait sombre, et de gros nuages, qui s'amoncelaient sur la forêt, faisaient venir la nuit plus promptement.

— Je crains que nous n'ayons de l'orage, dit Alexis.

— Eh bien !... je vais tâcher de doubler le pas... C'est que je me sens un peu fatiguée. — Pourquoi donc ne pas accepter mon bras ?... vous..., vous appuieriez sur moi..., et nous irions plus vite.

Marguerite jette un regard autour d'elle, et passe timidement son bras sous celui qu'on lui présente, en disant avec un accent de tristesse :

— Oui..., voilà la nuit..., je ne serai pas vue à votre bras maintenant !

Il y a un bonheur indicible à tenir pour la première fois, sous le sien, le bras d'une femme que l'on aime ; l'amour est un feu qui se communique à toutes les parties de notre être par le plus léger attouchement. Alexis tremble de plaisir en sentant la petite main de Marguerite s'appuyer sur lui, et de temps à autre, comme s'il voulait lui faire éviter un faux pas, il se serre contre elle et presse le bras qu'on a passé sous le sien.

Ils marchent ainsi assez longtemps sans se parler, mais les secrètes pressions de leurs bras remplacent la conversation.

La jolie femme ne peut s'empêcher de sourire en apprenant ce tour du singe. — Page 60.

Bientôt on entend gronder le tonnerre, et de grosses gouttes de pluie tombent sur les feuilles des arbres.

— Voilà l'orage, dit Alexis, c'est ce que je craignais.

— Je serai cause que vous serez mouillé, dit Marguerite ; sans moi, depuis longtemps vous seriez à Saint-Germain... Mais je ne puis aller plus vite.

— Croyez-vous donc que c'est de moi que je m'occupe ? Que m'importe l'orage ! la pluie ! je braverais tous les éléments pour être avec vous ! Mais vous, qui êtes souffrante ce soir..., cette pluie pourrait vous rendre malade... Mon Dieu ! voilà que cela redouble à présent, et les feuilles commencent à ne plus nous garantir... Tenez, venez sous ce gros arbre..., nous y serons plus à l'abri.

Marguerite se laisse conduire sous un énorme chêne, Alexis se place contre elle, et cherche, autant qu'il le peut, à la garantir de la pluie. Cependant l'orage éclate avec violence, des torrents d'eau tombent du ciel, les coups de tonnerre se succèdent à de courts intervalles, et des éclairs magnifiques, en éclairant la forêt, ajoutent à la sombre majesté de ce spectacle.

Alexis entoure Marguerite de ses bras ; elle cache sa tête contre la poitrine de son protecteur, elle est tremblante ; mais Alexis n'a jamais été aussi heureux qu'en ce moment, et n'étant plus maître de résister à ce qu'il éprouve, il appuie ses lèvres sur le front de la jeune fille, en lui disant :

— Marguerite, chère Marguerite ! si vous saviez combien je vous aime !... — Ne me dites pas cela, monsieur, de grâce..., ayez pitié de moi ! — Et pourquoi ne vous dirais-je pas ce que j'éprouve... ; puisque cet amour est plus fort que ma raison, puisque je sens qu'il durera toute ma vie !... — O monsieur Alexis, il ne faut pas m'aimer..., car... mon sort est affreux... Je ne dois pas vous écouter..., je ne puis aimer personne... ; il faut m'oublier... — Jamais... Marguerite, si vous m'aimez aussi..., je vous dirais : Venez avec moi..., je vous emmène loin, bien loin..., dans quelque retraite où nous vivrons seuls... J'ai assez de fortune pour nous deux..., je suis libre... Ah ! Marguerite, consentez à me suivre... ; confiez votre existence à mon amour... — Oh ! non..., non..., cela est impossible... — Parce que vous ne m'aimez pas..., parce que je vous suis indifférent.

Marguerite ne répond pas, mais des larmes s'échappent de ses yeux ; elle pousse des sanglots, et Alexis la presse contre son cœur, en s'écriant :

— Oh !... si..., vous m'aimez... ; je vous aime trop, moi, pour n'être pas payé de retour... Eh bien ! ne repoussez pas ma prière... ; partons ensemble..., allons vivre sous un ciel étranger.

La jeune fille repousse doucement Alexis, en balbutiant :

— Et mon père..., mon pauvre père...

Alexis demeure interdit, et ne peut que murmurer :

— Votre père..., je croyais..., je pensais que vous n'en aviez plus...

— Si, monsieur, il existe, et il est bien à plaindre... Des circonstances m'ont obligée à me séparer de lui..., mais dans peu de temps il reviendra près de sa fille... Pourvu que sa santé..., car aujourd'hui je l'ai trouvé malade, souffrant..., et c'est ce qui m'a fait tant de chagrin... ; mais, si le ciel le permet..., quand il sera près de moi, mes soins, mes caresses lui rendront la santé..., car je ne le quitterai plus un seul instant !

Alexis ne répond rien, mais il s'est éloigné de Marguerite en laissant tristement retomber sa tête sur sa poitrine. Cependant l'orage a cessé.

— Continuons notre route, dit Marguerite.

Alexis reprend le bras de la jeune fille sans dire un mot, et ils se remettent à marcher tous les deux tristes et silencieux.

Lorsqu'ils arrivent à Saint-Germain, il est nuit tout à fait.

— Il faut que nous trouvions une voiture, dit Alexis.

— Oh ! j'irai bien à pied, répond la jeune fille.

C'est en allant remplir ce pieux devoir que sans doute j'eus le malheur d'être rencontrée... — Page 67.

— A pied, jusqu'à Paris !... y pensez-vous ?... D'ailleurs l'orage gronde encore..., gagnons vite la rue où sont les voitures.

Marguerite se laisse conduire, mais, arrivée près du bureau des voitures, elle quitte le bras de son conducteur, en lui disant :

— Je vais vous attendre ici, monsieur.

— Soit, dit Alexis, s'il n'y a pas de place pour le prochain départ, nous prendrons une petite voiture..., j'en aperçois là-bas.

Le jeune homme court au bureau où l'on retient ses places. Il le trouve encombré de voyageurs. L'orage fait rentrer tous les promeneurs dans la capitale, et le commis dit à Alexis:

— Plus de place, monsieur, tout est retenu jusqu'au dernier départ.

Alexis sort du bureau et retourne à l'endroit où il a laissé la jeune fille, en se disant : Nous trouverons une petite voiture ; en payant ce qu'ils voudront, j'aurai la préférence.

Mais Marguerite n'est plus à la place où elle devait l'attendre ; Alexis regarde de tous côtés, court, demande à plusieurs personnes, on ne peut lui donner aucun renseignement. Elle est partie, se dit-il, elle ne m'a pas attendu, elle n'aura pas voulu revenir avec moi à Paris pour que je ne sache pas où elle demeure !... Ainsi donc, je l'ai encore perdue !...

Le pauvre Alexis se désespère : il court au hasard dans les rues de Saint-Germain, espérant encore rencontrer Marguerite ; mais ses recherches sont vaines. Il se rappelle alors que la jeune fille a parlé de revenir à pied, et, dans l'espoir de la retrouver sur la route, il se décide à faire aussi à pied le chemin de Paris.

Cependant la pluie recommençait à tomber, l'orage avait rendu la route fort mauvaise, mais Alexis n'y fait pas attention : il marche en regardant autour de lui, cherchant dans l'obscurité à apercevoir Marguerite, et ne trouvant que des ornières et des mares d'eau dans lesquelles il met ses pieds.

Tout en marchant, Alexis se sentait des tiraillements d'estomac, et une faiblesse qu'il ne savait à quoi attribuer. Enfin, il se rappelle qu'il est à jeun depuis le matin. Le besoin, la marche forcée qu'il entreprend, l'orage qu'il a reçu, la pluie qu'il reçoit encore, tout se réunit pour augmenter son malaise. Il rassemble son courage et avance toujours, mais à chaque instant des frissons parcourent son corps.

Il avait encore deux lieues à faire, et la pluie tombait par torrents. Heureusement un coucou vient à passer près de lui, et le cocher propose au jeune homme une place de second lapin. Alexis accepte, car il n'a plus l'espoir de retrouver celle qu'il cherche, et il arrive enfin à Paris, mouillé, harassé, exténué, et sans s'être une seule fois rappelé sa cousine, qu'il devait aller rechercher chez son amie. Il ne pensait qu'à Marguerite.

XX. — LE DANGER D'AVOIR DES SINGES.

En arrivant chez lui, Alexis a dit à son concierge de lui faire sur-le-champ apporter à dîner. Le dîner vient, le jeune homme espère en mangeant retrouver ses forces, et voir se dissiper le malaise qu'il éprouve ; mais à peine peut-il toucher à ce qu'on lui sert ; il se sent trembler, frissonner, et se décide à se mettre au lit.

Là, sa tête brûle, et pourtant la fatigue l'emporte, ses yeux appesantis se ferment, puis un sommeil agité, une fièvre violente s'emparent du pauvre Alexis.

Hélène lui dit, en le regardant avec amour : — Que je suis heureuse maintenant !... — Page 61.

Le lendemain le malade ne voyait rien, ne distinguait rien de ce qui se passait autour de lui ; il avait un délire violent. Cet état dura plusieurs jours, lorsqu'enfin la maladie cède aux soins, à la science et à la nature, Alexis, en rouvrant les yeux, aperçoit Durozel près de son lit et Frison assis contre la cheminée et buvant de la tisane.

Alexis tend la main à Durozel, en lui disant :

— Oui, vraiment..., voilà neuf jours, mon pauvre Alexis, que vous êtes au lit..., avec une fièvre terrible ! le délire !... enfin vous étiez en danger... ; aussi je ne vous ai pas quitté...

— Mon bon Durozel... C'est toujours dans la souffrance que l'on retrouve ses amis.

— Ah ! victoire ! vivat ! bravo !... *il est sauvé, l'enfant du troubadour !* s'écrie Frison en avalant une grande tasse pleine ; puis il court près du lit et secoue la main d'Alexis, en disant :

— Du reste, vous ne pouviez pas mourir, parce que nous étions là, et nous ne l'aurions certainement pas souffert.

— Quoi ! mon cher Frison, vous aussi, vous êtes venu me garder ? — Tiens ! et pourquoi pas ? — Oui, dit Durozel, il faut rendre justice à Frison, il est venu ici tous les jours depuis que vous êtes malade ; souvent il y est resté la journée entière sans sortir. Et, toutes les fois qu'on voulait vous faire boire de la tisane, il en buvait aussi, il en buvait même quand on ne vous en donnait pas..., il en a bien bu deux pintes par jour... Certes, si c'est dans l'espoir que cela vous fera du bien, vous lui devez de la reconnaissance.

— C'est bon, c'est bon..., assez..., *satis*, cher ami, dit Frison en souriant. J'ai profité de l'occasion qui se présentait pour me rafraîchir un peu... Je vous prie de ne point en tirer de conséquences malignes..., et de ne pas faire croire à notre ami que je ne suis venu le garder que pour boire sa tisane... Ah ! et la jeune Amandine... Je dois vous dire, monsieur Alexis, qu'en apprenant votre maladie, elle a tout de suite été mettre une petite bougie à Sainte-Geneviève ; qui est-ce qui croirait cela d'une grisette !... c'est pourtant la vérité. Et depuis, elle est venue tous les jours s'informer de votre santé chez votre portier, elle vous a envoyé un quart de pâte de guimauve, et elle m'a chargé de vous dire qu'elle serait charmée de venir vous embrasser quand vous seriez convalescent... Hein ! c'est que c'est *amoroso* tout ça.

— Mon cher Frison, vous remercierez Amandine de ma part, mais je ne veux pas qu'elle revienne ici. Quand j'ai rompu une fois avec les gens, je ne renoue jamais. Du reste, pour lui prouver que je ne lui en veux plus, soyez assez bon pour faire porter chez elle les six bouteilles de champagne que vous trouverez dans le bas de mon buffet. Amandine aime ce vin-là et cela ne lui déplaira pas.

— Six bouteilles de champagne ! s'écrie Frison, diable !... ce n'est pas à dédaigner... Je vais les lui porter tout de suite..., je vais prendre quelqu'un en bas... Ah ! sapredié, quel dommage que ça vienne dans un moment... où...; enfin c'est égal..., je vais prendre les six bouteilles...

Frison a quitté la chambre, et Durozel vient s'asseoir près du lit de son ami, en lui disant : — Quand vous serez plus fort, vous me conterez comment cette maladie vous est venue... Votre concierge m'a seulement dit que vous étiez rentré un soir à jeun et dans un état piteux, crotté et mouillé jusqu'aux os.

— Ah! je me rappelle tout maintenant, dit Alexis. Et ma cousine, qu'a-t-elle dû penser de moi?... ma cousine!... ah! ce jour-là je l'ai totalement oubliée.

— Calmez-vous..., vous me conterez cela quand vous serez rétabli.

— Oh! laissez-moi parler maintenant, mon cher Durozel... J'ai une grande confiance en vous faire..., cela me fera du bien : un secret que l'on garde près d'un ami est un poids qui nous oppresse... J'aime mieux m'en dégager.

Le jeune malade fait à son ami le récit de ce qui lui est arrivé à Saint-Germain, et ne lui cache rien de ce qui concerne Marguerite.

Durozel l'a écouté avec beaucoup d'attention, et lorsque Alexis a cessé de parler, il lui dit :

— Vous voyez que j'avais raison en vous conseillant de ne point vous abandonner trop vite à votre passion pour cette jeune fille. Règle générale : toutes les fois que vous voyez du mystère quelque part, c'est mauvais signe.

— Mais si le père de Marguerite est un misérable, est-ce une raison pour mépriser sa fille ?

— Je ne dis pas...; cependant il y a de ces convenances qu'on ne doit point braver. Épouserez-vous la fille d'un voleur?... non. Alors faites-en votre maîtresse. Mais si cette jeune fille est honnête, comme vous le croyez, elle ne voudra pas devenir votre maîtresse...; alors vous voyez bien qu'il vaut mieux ne plus la voir.

Alexis laisse retomber sa tête sur son oreiller en murmurant :

— Alors je serai toujours malheureux !

— Toujours!... prrr!... on ne devrait jamais dire ni jamais ni toujours. Et cet homme de mauvaise mine, que vous avez vu un matin chez la jeune fille, vous ne savez qui c'était? — Non. — Je serai curieux, moi, de savoir quel était cet homme. Au reste, je vous promets de prendre des informations auprès d'avocats, qui ont suivi l'affaire de ce vol; je saurai ce que l'on pense de ce Meynaud, car les juges sont des hommes aussi, et nous avons tous les jours la preuve qu'ils ne sont pas infaillibles.

Alexis remercie son ami, et ne tarde pas à goûter un sommeil qui hâte sa convalescence. Vers le soir, après s'être éveillé, Alexis aperçoit Frison dans sa chambre, se sucrant une tasse de tisane.

Dès qu'il voit le malade éveillé, Frison fait un signe à quelqu'un qui est dans une pièce à côté, et frappe deux coups dans sa main.

Aussitôt un instrument ressemblant à toutes sortes d'autres, fait entendre l'air : *Femmes, voulez-vous éprouver ?...*

Alexis écoute en souriant la sérénade qu'on lui donne ; mais Frison interrompt la musique au bout de quelques mesures, en s'écriant :

— Qu'est-ce que c'est que ça!... une vieille rengaine?... Est-ce qu'on joue une romance à un convalescent ?... Monsieur le musicien, je veux quelque chose de plus gai que cela.

La valse de Robin des Bois remplace la romance. Frison marque la mesure, et valse dans la chambre en tenant dans ses mains un rouleau de sirop de guimauve. Lorsque la musique cesse, il s'arrête et s'écrie : « Paraissez, l'orchestre! »

Alors Grandinet sort de la pièce voisine, son accordéon sous le bras, et vient saluer Alexis.

— Monsieur Grandinet, voilà une surprise bien aimable, dit le malade.

— C'est de mon invention! s'écrie Frison : j'ai dit : Il faut célébrer la convalescence de M. Alexis; je voulais d'abord faire venir soixante musiciens..., mais cela aurait fait trop de bruit...; j'ai trouvé Grandinet sous ma main, je lui ai dit à sa louange qu'il n'y a pas mieux demandé que de venir avec son instrument faire un petit réveil musical à notre ami... Aussi il aura une tasse de tisane... Grandinet, venez boire de la tisane...

— Pourquoi faire? je ne suis pas malade... eh! eh! eh!

— N'importe, cela vous fera du bien..., c'est pectoral... — Non, non, je n'en veux pas... Ce petit homme est très-entêté quand il n'a pas ses socques.

— Messieurs, dit Alexis, lorsque je serai entièrement rétabli, j'espère vous donner à déjeuner, et vous offrir mieux que de la tisane.

— Ah! j'accepte, s'écrie Grandinet. — Oui, nous prenons acte de la promesse, dit Frison, mais il faut être entièrement guéri ; ainsi, vous avez le temps, encore six semaines au moins.

— Comment, vous pensez que je ne serai pas rétabli avant six semaines !

Frison fait une drôle de grimace, en reprenant : — Oh!... c'est-à-dire... convalescent..., mais il faut se ménager dans la convalescence.

Puis Frison se met tout à coup à éclater de rire en regardant Grandinet, et le petit homme lui dit : — Qu'est-ce que c'est..., de quoi rit-il?...

— C'est que je viens de faire une remarque, Grandinet.

— Quelle remarque ? — C'est que tu es juste grand comme la table de nuit. — Eh! eh! eh!

L'arrivée de Durozel met fin aux plaisanteries de Frison ; il emmène Grandinet, qui propose à Alexis de venir tous les jours lui jouer de l'accordéon pour hâter le retour de ses forces; mais le malade remercie ; il espère se rétablir sans musique.

Au bout de huit jours Alexis est tout à fait bien. Durozel ne l'a presque pas quitté, et Frison n'a pas manqué de venir passer toutes ses journées chez lui, et d'y boire deux pintes de tisane.

Lorsque Durozel venait plus tard que de coutume chez son ami, les yeux de celui-ci semblaient l'interroger et attendre de lui quelque nouvelle, quelque communication. Durozel comprenait fort bien ce langage ; un matin il aborde Alexis, en lui disant :

— J'ai trouvé enfin un avocat qui a su tous les détails du vol pour lequel ce Meynaud a été condamné.

— Eh bien !... ah! parlez, mon ami

— Cette affaire ne fut jamais bien claire. Meynaud fut condamné parce qu'il fut prouvé que les cinq cent mille francs étaient ce jour-là en caisse..., qu'il vint seul le soir au bureau... Cependant le portier crut avoir vu entrer un certain Léonard qui avait été autrefois employé dans la maison comme garçon de bureau, et que l'on avait renvoyé parce que c'était un mauvais sujet ; mais on ne trouva pas cet homme. Quant à Meynaud, il nia constamment le vol, tout en avouant qu'il était en effet venu le soir, et ce n'était pas sa coutume de revenir le soir travailler ; il prétendit avoir ce jour-là oublié à son bureau une petite somme qu'il y avait amassée, et avec laquelle il voulait faire un cadeau à sa fille. En effet, ce même soir, avant de rentrer chez lui, il acheta un châle de deux cents francs, ce qui était une grande dépense pour un homme qui avait des appointements modiques, et qui avait connu jusqu'alors fort économe. L'achat de ce châle fut une des causes qui influèrent le plus sur l'opinion des juges. On ne trouva point le portefeuille chez Meynaud, cependant il fut condamné ; mais en faveur de ses bons antécédents, car jusqu'alors cet homme avait mené une conduite irréprochable, il n'eut que cinq ans, une exposition, et obtint de passer à Poissy le temps de sa captivité. Voilà, mon cher ami, tout ce qu'il y a jusqu'à présent touchant le père de votre petite Marguerite.

— Pauvre fille ! dit Alexis, ah! je conçois sa tristesse!... je comprends pourquoi elle fuyait le monde... et vivait seule..., sans société... Après avoir reçu de l'éducation, être frappée par la misère et le déshonneur.

— La misère! elle cessera peut-être lorsque son père sera libre, car s'il a les cinq cent mille francs... — S'il les avait, pourquoi laisserait-il sa fille réduite à travailler pour vivre..., pourquoi ne lui donnerait-il pas de l'argent ? — C'est peut-être par prudence, et toujours pour faire croire qu'il n'a pas les cinq cent mille francs..., mais, une fois libre, il filera avec sa fille pour l'étranger.

— Alexis ne dit plus rien, mais il retombe dans sa tristesse. Pour le distraire, Durozel l'engage à sortir, et il y fait consentir en lui disant : — Si vous voulez courir de nouveau après votre petite fille, il faut d'abord recouvrer la santé. Règle générale : un amoureux malade n'avance jamais ses affaires.

Alexis se laisse promener par son ami. Au bout de quelques jours, se sentant entièrement rétabli, il songe à se rendre chez sa cousine à laquelle il sent qu'il doit des excuses pour sa conduite à Saint-Germain.

— Mᵐᵉ de Pomponney est à sa campagne de Sussy, dit le concierge à Alexis, lorsque celui-ci se présente pour voir sa cousine.

— Eh bien! j'irai à Sussy, se dit le jeune convalescent. J'y passerai même quelques jours, si ma cousine n'est point trop fâchée contre moi, je sens que l'air de la campagne achèvera de me rétablir : ensuite je reviendrai à Paris, et... je rechercherai pas Marguerite, mais peut-être le hasard me la fera-t-il encore rencontrer.

Durozel approuve le projet de son ami, et, par une belle journée de juillet, Alexis arrive de nouveau dans la jolie campagne habitée par Hélène. Là, il apprend que, par extraordinaire, M. de Pomponney est aussi à Sussy avec sa femme.

En apprenant cette circonstance, Alexis hésite un moment à se présenter. D'abord il déteste cordialement M. de Pomponney, auquel il n'a pas pardonné ses tentatives auprès de Marguerite ; puis, l'ascension du singe avait dû rendre ce monsieur furieux contre lui. D'un autre côté, il aime autant que sa cousine ne soit pas seule ; il ne sait pourquoi il éprouve toujours un secret embarras en tête-à-tête avec elle, et le résultat de ses réflexions est de se décider à entrer.

Hélène était assise sur une chaise longue et tenait un livre dans ses mains ; son air abattu, la pâleur de son visage, annonçaient une indisposition ou une convalescence, mais la petite-maîtresse n'en était pas moins jolie, et beaucoup de gens même eussent préféré cette nuance de mélancolie répandue sur ses traits, à l'air de coquetterie que l'on y trouvait habituellement.

M. de Pomponney y était à un autre bout du salon, assis devant une table, et s'occupait à montrer à son singe le jeu du domino, jeu pour lequel il prétendait que Caporal avait de grandes dispositions, parce qu'il connaissait le double six et le double blanc. Mais malgré les leçons de son maître, qui, en lui montrant les dominos étalés sur sa table, lui en disait les noms, Caporal paraissait souvent s'impatienter, et, prenant à la fois plusieurs dés dans sa main, il secouait la tête, faisait une grimace horrible, remuait longtemps sa mâchoire, puis jetait avec colère les dés sur le parquet.

En apercevant Alexis, Hélène n'est pas maîtresse de son émotion, et une légère rougeur vient colorer ses joues ; tandis que M. de Pomponney, s'efforçant de prendre un air aimable, s'écrie :

— Eh! c'est le cher cousin, M. Alexis Ranville! parbleu ! il arrive très-bien! nous étions par hasard seuls à cette campagne, moi et madame, et un mari et une femme seuls ensemble..., vous savez..., ça s'ennuie...; avec ça que madame a été malade...; elle a eu..., ma foi, je ne sais trop ce qu'elle a eu, mais enfin il paraît qu'elle a eu quelque chose. Je fais cependant mon possible pour la distraire avec Caporal à qui j'apprends le domino... Oh! c'est qu'il est étonnant, il va très-bien... Caporal, le double cinq, tout de suite.

Le singe, au lieu de prendre un dé, se contente de secouer la tête en portant la main gauche à son derrière, qu'il gratte avec une sorte de fureur, ce qui fait beaucoup rire M. de Pomponney.

Après avoir laissé parler le mari de sa cousine, Alexis s'approche d'Hélène en lui disant :

— Seriez-vous en effet indisposée, ma cousine?

— Oui, répond Hélène en appuyant sur ses mots : depuis une certaine partie de campagne... à Saint-Germain, j'ai presque toujours été souffrante... Ce jour-là j'avais éprouvé une si forte contrariété..., une inquiétude si vive..., je n'en suis pas encore remise.

— Ah! oui, dit M. de Pomponney, ma femme est très-impressionnable ; il paraît qu'à Saint-Germain elle a eu peur d'un orage... Caporal, je vous demande du blanc?

Alexis sent qu'il ne peut s'excuser devant le mari, mais il s'assied près d'Hélène, en lui disant :

— Moi, ma cousine, depuis que je ne vous ai vue, j'ai été sérieusement malade..., une fluxion de poitrine... Enfin Durozel m'a dit que j'avais été vraiment en danger.

— Oh! mais, en effet! s'écrie Hélène en regardant Alexis avec intérêt, oui, je n'avais pas remarqué d'abord..., vous êtes changé... Pourquoi donc ne pas nous avoir fait savoir votre maladie?...

— Je préférais attendre mon rétablissement pour venir vous dire cela moi-même.

— Caporal aussi a été malade, reprend M. de Pomponney, il a eu une diarrhée très-intense.., ça m'inquiétait beaucoup... A propos, monsieur Ranville, vous savez qu'il a effectué sa descente en ballon aux environs de Grosbois..., les paysans ont été ravis, enchantés, ils ont pris mon malin singe pour un sorcier qui leur tombait de la lune.

— Oui, monsieur, j'ai appris cela... — Diable de Caporal, qu'on prend pour un lunatique!... Allons, monsieur, du quatre, vite, je vous demande du quatre?

Hélène regardait Alexis, puis jetait du côté de son mari des coups d'œil où se peignait l'impatience, tandis que sa bouche murmurait, de manière à ce que son jeune cousin seul l'entendît :

— Quel ennui! est-ce qu'il ne va pas bientôt s'en aller?

Alexis commençait à parler de choses indifférentes que l'on feignait d'écouter, lorsque tout à coup M. de Pomponney pousse un cri.

C'était Caporal qui, las d'une leçon trop prolongée, venait de saisir une poignée de dominos et, au lieu de les jeter à terre, les avait lancés avec force dans la figure de son maître, puis lui avait tourné le dos, en se grattant comme précédemment.

— Ah! le coquin! le drôle ! s'écrie M. de Pomponney, il a manqué de m'éborgner ; je sais bien que c'est pour jouer, mais il m'a fait mal.

— Votre singe est très-méchant, monsieur, dit Hélène ; je ne veux plus qu'il vienne dans le salon.

— Oh! je vais le corriger... Monsieur Caporal, pour vous apprendre à me jeter les dominos au visage, je vais vous enfermer dans votre pavillon... Il ne peut pas souffrir être enfermé ; aussi, quand il me voit tourner la clef de la porte de son pavillon, il pousse des cris horribles...; vous allez voir...; son pavillon est en face, dans le jardin; regardez par cette fenêtre.

En disant cela, M. de Pomponney prend une petite chaîne qui pend à un anneau fixé à une jambe du singe, et force Caporal à le suivre; il l'emmène au jardin, s'arrête devant un petit kiosque dont les fenêtres sont grillées, y fait entrer le singe et s'y enferme à double tour. Pendant que son maître tourne la clef dans la serrure, on aperçoit Caporal regarder à travers le grillage, et pousser de grands cris en faisant une foule de contorsions.

Après avoir enfermé son singe, M. de Pomponney s'est éloigné, au lieu de revenir vers la maison.

— Enfin! nous en voilà débarrassés, s'écrie Hélène, qui a suivi des yeux son époux; c'est un bien grand hasard quand M. de Pomponney reste avec moi, il faut, comme aujourd'hui, qu'il ait des douleurs de goutte..., et cela arrive précisément quand vous venez me voir!... Au reste, monsieur, si je désire être seule avec vous, c'est qu'il me tarde d'avoir l'explication de votre conduite... Savez-vous que c'est affreux, ce que vous avez fait!... M'abandonner à Saint-Germain, seule..., me laisser vous attendre jusqu'à la nuit, en proie à l'inquiétude la plus vive, aux alarmes les plus cruelles... ; car j'avais la bonté de croire qu'il vous était arrivé quelque événement, je ne pouvais supposer que vous auriez agi de la sorte sans y être forcé ; mais le lendemain matin, à Paris, j'ai envoyé m'informer chez vous, et on m'a répondu que vous étiez revenu de la veille... J'ai été tellement indignée, que j'en ai perdu le repos..., jamais je n'avais éprouvé une pareille humiliation... Eh bien, monsieur, parlez!.., parlez donc, et expliquez-moi votre conduite.

— Ma cousine, je sais bien que j'ai eu tort... — Ah! il est heureux que vous en conveniez ; mais enfin, on n'agit pas ainsi sans motif... Pourquoi n'êtes-vous pas revenu me chercher?

— C'est que j'ai fait une rencontre... dans le bois..

— Une rencontre... Oh! je m'en doutais... Une rencontre pour laquelle vous m'avez laissée là... C'est très-aimable ! et cette rencontre... c'était M{{me}} Saint-Albert, sans doute? — Non, ma cousine..., non..., je vous le jure. — Qui donc, alors? — C'est... une personne... que vous ne connaissez pas; et d'ailleurs, cela doit peu vous intéresser..., du moment que je vous demande excuse de ma conduite impolie...

Hélène ne répond rien ; elle se lève, semble très-agitée, et pendant quelques instants marche, puis s'arrête dans le salon. Enfin, elle s'écrie :

— Non..., cela ne doit pas finir ainsi... Vous n'avez aucun droit sur vous... Et vous appelez cela être impoli... Oh! c'est bien plus encore... Ah!... Vous pouvez voir loin votre vengeance!

— Ma cousine, dit Alexis en prenant son chapeau, je ne vous comprends pas, mais je vois que vous êtes toujours fâchée contre moi, et je me retire.

— Partir! vous éloigner ainsi, s'écrie Hélène en posant sa main sur le bras d'Alexis, oh! non..., je ne le veux pas... Vous avez été malade, Alexis, j'ai tort de vous gronder... Voyons, oubliez tout cela... Ah! si vous saviez tout ce que j'ai souffert depuis ce jour fatal!... Ah! c'est une souffrance cruelle..., une souffrance que je ne connaissais pas...

En disant ces mots, Hélène détourne la tête et porte son mouchoir sur son visage, mais pas assez vite pour qu'Alexis n'ait eu le temps de voir de grosses larmes tomber de ses yeux.

— Mon Dieu! vous pleurez!... s'écrie le jeune homme tout ému. Au même instant, M. de Pomponney rentre dans le salon.

— Ce polisson de Caporal a fait un trou à son treillage, et il s'est sauvé dans les jardins, dit le mari d'Hélène, mais on le rattrapera... Oh! je ne suis pas inquiet..., mes jardiniers le guetteront. Ah çà, le cousin Ranville dîne avec nous, je pense...

— Oui, monsieur, dit Alexis, et même je resterai quelques jours, si cela ne vous ennuie pas trop.

— M'ennuyer!... au contraire..., j'aime le monde, moi !... Au reste, si je ne me ressens plus de ma goutte demain, je vous souhaite le bonjour. Je retourne à Paris, et je vous laisse avec madame, qui n'est pas gaie depuis quelque temps.

Hélène a jeté un doux regard à Alexis lorsqu'il a annoncé qu'il resterait quelques jours. En ce moment un domestique vient annoncer qu'on est servi.

— Mon cousin, dit Hélène, vous me pardonnerez si je ne vous tiens pas compagnie pour le dîner, mais cela me serait impossible ; j'ai besoin d'un peu de repos..., j'ai une migraine horrible ; ce soir, si je ne descends pas dîner, j'espère que vous monterez me dire quelques mots avant de vous retirer.

Alexis le promet, et Hélène rentre dans son appartement après avoir recommandé à son mari d'avoir bien soin de son cousin.

— Allons dîner, s'écrie M. de Pomponney dès que sa femme est éloignée. Parbleu, nous n'avons pas besoin d'elle pour manger, n'est-ce pas, cousin Ranville? Ah! c'est que je suis un gaillard, moi... Si vous voulez, nous nous donnerons une petite pointe?... J'aime les pointes, moi !

Alexis suit M. de Pomponney à la salle à manger, en se préparant à faire un dîner assez ennuyeux. Le maître de la maison demande du madère, du xérès et du champagne. Il verse force rasades au jeune homme, en lui disant :

— Voulez-vous que je fasse venir dîner Caporal avec nous?

— Je n'en vois pas la nécessité, répond Alexis, je dînerai bien sans lui. — Soit, mais ce soir je le ferai jouer aux dominos.

Tout en disant cela, M. de Pomponney regarde souvent Alexis, comme s'il avait envie de lui demander quelque chose ; il commence des phrases, puis s'arrête comme changeant d'idée. Alexis croit deviner ce dont le vieux libertin a envie de lui parler, mais sa figure, constamment froide, est loin de provoquer sa confidence.

Au dessert, échauffé par différentes sortes de vins qu'il a bus, M. de Pomponney devient plus bavard, et dit à son convive :

— Savez-vous, jeune homme, que notre connaissance a commencé d'une façon assez singulière?

— C'est vrai, monsieur.

— Oh! m'avait dit..., lorsque je vous vis dans la rue..., et vous me poussâtes un peu brusquement, que vous étiez le cousin de ma femme?

Alexis ne répond rien. M. de Pomponney continue :

— Ah! parbleu! après tout..., ce sont de ces choses qui arrivent tous les jours!... Moi, cela m'arrive très-souvent... J'ai fait cinquante connaissances dans la rue... Elle était jolie, la petite..., je m'y connais, je suis un amateur... Les femmes et les singes..., voilà les deux chefs-d'œuvre de la création..

Alexis ne souffle pas mot, mais il semble se contenir avec peine.

— Oui, petit cousin, reprend M. de Pomponney, la petite est très-jolie... Vous me l'avez soufflée ce soir-là..., mais si je la retrouve jamais..., oh! je vous promets bien...

— Qu'entendez-vous par ces mots, monsieur? s'écrie Alexis en se levant et allant se placer d'un air menaçant devant le mari d'Hélène. Si vous retrouvez cette jeune fille, j'espère que vous la respecterez..., et si je pensais le contraire...

— Eh bien! qu'est-ce que vous avez donc? s'écrie M. de Pomponney en reculant sa chaise avec effroi. Ce que j'en dis... Je plaisante..., je ris..., voilà tout...

— Ah! pardon, monsieur, dit Alexis, honteux de son emportement..., pardon..., je ne sais ce qui m'a pris...; permettez-moi d'aller un peu prendre l'air au jardin.

— Promenez-vous tant que vous voudrez! dit M. de Pomponney en regardant Alexis s'éloigner. C'est un brutal, que ce petit cousin!... mais je me moque de lui! et si je retrouve la petite... Allons faire ma sieste.

Et M. de Pomponney rentre au salon, où il s'endort sur un divan.

Alexis se promène longtemps dans le jardin, il a besoin du calme d'une belle soirée pour se remettre de la conversation de M. de Pomponney. Lorsque la nuit commence à venir, il se rappelle que sa cousine l'a prié d'aller la voir avant de se retirer; il rentre dans la maison, et, sans entrer dans le salon, où il ne se soucie pas de se retrouver avec M. de Pomponney, il monte au premier et frappe doucement à la porte de l'appartement de sa cousine.

— Entrez, dit Hélène, la clef est sur la porte. Alexis ouvre et se trouve chez sa cousine.

Mme de Pomponney s'était mise au lit pour y chercher du remède à sa migraine, mais la même elle était toujours élégante, coquette, et sa toilette de nuit avait quelque chose de séduisant qui n'invitait pas au sommeil.

— Ah! vous êtes bien aimable d'être venu me voir un peu, Alexis, dit Hélène en s'arrangeant pour être à demi couchée sur son oreiller... Venez-vous asseoir près de moi..., nous causerons...; vous avez dû faire un dîner bien ennuyeux, n'est-ce pas?

— Mais... non, ma cousine, répond Alexis en s'asseyant près du lit.

— Oh! c'est que vous êtes indulgent..., quand vous voulez... Savez-vous que c'est bien aimable d'être venu passer quelques jours à la campagne avec moi...; cela me fait entièrement oublier votre abandon à Saint-Germain... Mais ce que je voudrais bien savoir..., c'est... Oh! je vous en prie, Alexis, dites-moi donc quelle est cette personne que vous avez rencontrée dans la forêt, et qui vous a empêché de venir me chercher quand je vous attendais.

— Ma cousine, je suis fâché de ne pouvoir satisfaire votre curiosité, mais cela m'est impossible! — Mon Dieu, que cela est une chose bien mystérieuse, et ce n'est vraiment pas Mme Saint-Albert que vous avez rencontrée? — Non..., oh! pour cette dame, je ne vous aurais pas oubliée. — Ah! je comprends..., c'est une autre dame, n'est-ce pas? — Non..., c'est une pauvre jeune fille. — Une jeune fille! mon Dieu! cela devient bien romanesque... et cette jeune fille..., vous en êtes donc amoureux..., vous l'aimez beaucoup..., c'est votre maîtresse?

— Oh! non! ce n'est pas ma maîtresse! répond tristement Alexis.

— Alors, vous en êtes passionnément amoureux! hein?... Eh bien! répondez donc, monsieur..., pourquoi gardez-vous le silence?

— C'est qu'il me semble, ma cousine, qu'il doit peu vous importer que je sois ou non amoureux, et...

Hélène porte brusquement son mouchoir sur ses yeux, en murmurant :

— Ah! c'est affreux, ce que vous me dites là!

— Encore des larmes! s'écrie Alexis. Mais, mon Dieu! qu'avez-vous donc?

— Il me le demande!... Oh! mais, je ne puis plus garder ce que j'ai là au fond du cœur, cela m'étouffe, cela me tue!... Alexis, vous n'êtes donc pas satisfait de la vengeance que vous avez tirée de moi? Si j'ai été coquette, légère..., si, lors de votre arrivée à Paris, je ne vous ai pas témoigné... d'amitié..., voulez-vous donc sans cesse m'en punir?... et maintenant..., vous ne m'êtes donc rien toujours?

Alexis ne sait que répondre, les souvenirs qu'on vient de réveiller dans son âme l'ont vivement ému; il prend la main de sa cousine, puis il détourne vite les yeux, car Hélène est bien séduisante!... mais il n'a plus d'amour pour elle, et il ne voudrait pas la tromper. Il se rappelle sa liaison avec Amandine et tous les chagrins qui en ont été la suite.

Quelques moments s'écoulent en silence. C'est encore Hélène qui le rompt.

— Eh bien! dit-elle d'une voix altérée, vous ne voulez donc pas me répondre... Alexis, est-ce que vous ne m'aimez plus?

— Ma cousine... — Appelez-moi Hélène, je le veux... — Eh bien!... Hé... Hélène..., quand j'arrivai à Paris, je vous aimais toujours... Oh! vous étiez alors mon idole!... aussi, je fus bien malheureux de votre indifférence... Si vous saviez tous les tourments qui déchirèrent mon âme quand je vous rencontrai avec...

— Alexis! je croyais que vous m'aviez pardonné... — Oh! oui, ma cousine..., oui, Hélène, je vous ai pardonné...; car, cédant aux conseils de Durozel, je tâchai de me distraire, d'oublier mon amour. D'abord, il me semblait que c'était impossible..., mais... enfin...

Un bruit sourd qui se fait entendre près de la porte attire l'attention d'Alexis, qui s'arrête en disant :

— Je crois qu'il y a quelqu'un qui écoute là. — Eh! qui voulez-vous qui écoute?... — Votre mari?... — Ah, par exemple! mon mari dort ou joue avec son singe... Achevez donc, monsieur, vous me faites mourir.

Alexis est embarrassé : on veut bien ne plus aimer quelqu'un, mais on ne veut jamais le lui dire en face; et quand ce quelqu'un est une femme charmante, il faut un grand courage pour faire un tel aveu. Aussi, ce n'est que du bout des lèvres que le jeune homme murmure :

— Je... suis parvenu à me guérir d'un amour qui faisait mon malheur. J'ai cru vous satisfaire en étouffant un sentiment que vous ne partagiez pas.

— C'est bien, monsieur, il suffit, répond Hélène en cherchant à dissimuler sa peine, en retenant des larmes prêtes à couler. Je ne vous en veux pas...; je n'ai pas le droit de vous en vouloir...; et cependant... je suis bien malheureuse..., car je vous aime maintenant...; oui, monsieur, je vous aime..., comme je n'avais jamais aimé. Il faut que ce sentiment soit plus fort que ma raison, puisqu'il l'emporte sur ma fierté, sur votre oubli..., puisqu'il m'entraîne à vous faire un tel aveu... Mais je tâcherai de le renfermer dans mon âme... Et jamais..., non, jamais vous n'entendrez un reproche..., un soupir.

Hélène ne peut achever, ses sanglots l'étouffent. Alexis sent son courage qui l'abandonne; s'il reste un moment de plus, il lui faudra sécher les pleurs de sa cousine : il se lève vivement en s'écriant :

— Bonsoir, Hélène..., à demain...

Hélène n'a rien répondu, et Alexis est près de la porte, lorsqu'un bruit assez fort se fait entendre dans la serrure. C'est la porte que, du dehors, on vient de fermer à double tour. Alexis veut sortir, mais il n'y a plus moyen.

— On nous enferme, dit Alexis. — Qu'est-ce que cela veut dire? répond Hélène. Qui peut se permettre cela?... Ecoutez..., écoutez, il me semble entendre encore le même bruit?

Alexis prête l'oreille et entend parfaitement que l'on ferme à double tour une autre porte du carré, puis une porte au-dessus, puis deux portes au-dessous.

— Je n'y conçois rien, dit Hélène. Alexis, regardez donc par la fenêtre si vous voyez quelqu'un.

Alexis entr'ouvre une fenêtre qui donne sur le jardin, il aperçoit Caporal sortant de la maison et tenant à la main plusieurs clefs qu'il jette en l'air en faisant de grands sauts et témoignant une vive joie. C'était, en effet, le singe, qui, étant fort mécontent toutes les fois qu'on l'enfermait dans son pavillon, s'était bien promis de se venger. Il venait d'en trouver l'occasion. Après s'être longtemps caché dans le jardin, il s'était introduit dans la maison, et là, fermant à double tour toutes les portes, il avait enfermé M. de Pomponney dans le salon, la cuisinière dans la cuisine, deux domestiques dans la cave, et Alexis avec Hélène.

La jolie femme ne peut s'empêcher de sourire en apprenant ce tour du singe, elle dit à son cousin d'un air demi-fâché :

— Mon Dieu! si vous alliez être obligé de passer la nuit dans ma chambre!... un moment vous voyez que ce n'est pas ma faute.

Est-il bien nécessaire de vous dire quel fut le résultat de cette espièglerie de M. Caporal? Enfermez donc toute une nuit un jeune homme dans la chambre à coucher d'une jolie femme qui vient de lui avouer qu'elle l'aimait. Je ne vous demanderai pas ce qui s'est passé.

XXI. — UNE FEMME JALOUSE.

Sans un jardinier qui, le lendemain matin, va porter des fruits et des légumes à la cuisinière, personne ne pouvait encore sortir; car tous les habitants de la maison étant enfermés, aucun d'eux ne pouvait délivrer l'autre. M. de Pomponney aurait pu s'échapper du salon en sautant par une fenêtre qui n'était qu'à trois pieds du jardin; mais comme en ce moment il souffrait de la goutte, il ne crut pas devoir se risquer, et attendit en dormant sur un divan que l'on vînt le délivrer.

Le jardinier ne trouvant pas de clef à la porte de la cuisine, allait s'éloigner, lorsqu'il entendit les cris de la cuisinière qui l'appelait, et le priait d'enfoncer la porte. D'un coup de bêche le villageois fit sauter la serrure. Ensuite on délivra les deux valets restés dans la cave, où ils avaient pris le parti de se griser pour passer le temps. Enfin, on entendit les cris de M. de Pomponney qui, ne dormant plus, jurait comme un diable pour avoir à déjeuner. Puis on délivra madame, qui n'était plus couchée et qui se plaignait de ce que l'espièglerie de Caporal l'avait forcée à rester levée toute la nuit pour tenir compagnie à son cousin.

Hélène paraissait en effet très-fatiguée, ses yeux étaient battus, son visage pâle; mais cependant il y avait dans ses traits une expression de bonheur, une douce langueur qui n'annonçaient pas que cette aventure l'eût beaucoup contrariée.

Quant à M. de Pomponney, en apprenant que c'est son singe qui a enfermé tout le monde, il est dans le ravissement, et il trouve le tour si comique qu'il fait donner double ration de friandises à Caporal. Vers l'après-midi, ne souffrant presque plus de sa goutte, le mari d'Hélène dit adieu à sa femme, fait ses compliments à Alexis, et prétextant une affaire importante, retourne à Paris avec son singe.

Quinze jours s'écoulent, et Alexis n'a pas quitté Sussy. Plusieurs fois il a parlé de revenir à Paris; mais Hélène est si aimable, si aimante, si belle, elle semble si heureuse près de lui, elle le prie avec tant d'instances de rester encore, qu'il n'a pas eu le courage de lui résister. Et puis, quel que soit le sentiment que l'on éprouve pour une autre, en se retrouvant avec une femme que l'on a beaucoup aimée, on sent toujours une douce chaleur, reste du feu qui nous brûlait autrefois!

Enfin Hélène permet à Alexis de la quitter, en lui faisant promettre qu'il ne restera que peu de jours à Paris et reviendra passer avec elle, à Sussy, le reste de la belle saison.

En arrivant à Paris, la première personne que rencontre Alexis est son ami Durozel. Celui-ci regarde son jeune élève en souriant, et lui dit :
— Il me paraît qu'on ne s'ennuie pas trop à Sussy..., voilà trois semaines que vous êtes parti.
— C'est vrai, répond Alexis avec embarras, je suis resté plus longtemps que je ne pensais... C'est que... des circonstances... — Oui, je comprends très-bien les circonstances. Du reste, mon ami, ce n'est point un reproche, au contraire, c'est un compliment que je vous adresse... Allons, soyez franc, convenez que toutes mes prédictions se sont réalisées : je vous ai dit que votre cousine vous aimerait..., aujourd'hui vous êtes son amant.
— Mon Dieu! Durozel!... si vous saviez..., si je vous disais par quelle bizarre aventure cela s'est fait... Je ne voulais pas d'abord...
— Vous aviez tort : quand une jolie femme le veut bien, il faut toujours le vouloir avec elle... — Ah! c'est que je craignais..., je redoute encore les suites de cette liaison... Ma cousine est bien jolie, bien séduisante, maintenant elle semble avoir pour moi un véritable amour. Moi..., je suis étourdi par son langage, ébloui par ses charmes, fasciné par ses regards, et pourtant ce n'est pas de l'amour que j'éprouve maintenant pour Hélène, car mon cœur est toujours à une autre. J'aime à errer seul dans les jardins, dans la campagne, mais c'est pour chercher à Marguerite! à cette pauvre petite, si aimable, si intéressante... Ah! mon ami, si je la retrouvais, je sens que pour passer un moment près d'elle, je quitterais bien vite Hélène!
— Vous auriez peut-être tort. Une femme charmante, élégante, de bonne compagnie vous prend pour son amant; ce n'est pas une conquête qu'il faille dédaigner!... — Durozel, de la discrétion, surtout!... Je vous ai avoué cela à vous... parce que je ne sais rien vous cacher, mais je ne voudrais pas compromettre ma cousine. — Soyez tranquille; elle se compromettra bien toute seule, et elle vous aime assez pour cela. Au reste, son mari d'Hélène la laisse bien libre, il n'est nullement jaloux! — En effet, il est parti de Sussy le lendemain de mon arrivée et m'a laissé seul avec sa femme. — C'est un vieux libertin, il n'est pas amoureux de sa femme, mais il a toujours quelque intrigue sous jeu...; avec son argent, il trouve encore des personnes qui l'écoutent. C'est un fort mauvais sujet que ce vieux Pomponney; on prétend qu'il a une femme à la campagne, où sa femme ne va jamais, et qui lui sert pour ses bonnes fortunes. C'est, m'a-t-on dit, aux environs de Champigny. C'est là qu'il conduit ses conquêtes!... — Laissons cet homme, mon ami, qui rend bien excusables les faiblesses de sa femme, et dites-moi, depuis mon absence, vous n'avez rien appris de nouveau... sur ce qui m'intéresse?... — Pardonnez-moi, je sais quelque chose. — Ah! voyons... — J'ai eu la curiosité d'aller avant-hier m'informer à Poissy, à la maison de détention..., il m'a, j'ai appris que depuis huit jours Joseph Meynaud est libre; il a fini son temps. — Il n'est plus en prison! et qu'est-on?... — Oh! il est allé... On croit que c'est à Paris : sa fille l'attendait lors de sa sortie de prison, elle a emmené son père qui était faible et mal portant; voilà tout ce que j'ai appris. — Pauvre Marguerite!... Ah! je donnerais tout au monde pour savoir où elle est, ce qu'elle fait maintenant. S'il faut qu'elle travaille pour faire vivre son père, croyez-vous encore que celui-ci ait volé les cinq cent mille francs? — Je conviens que cela me paraîtra plus douteux. — Et on croit que ce malheureux est revenu à Paris? — On le suppose, mais je n'ai aucune certitude. — J'ai promis à Hélène de retourner passer la reste de la saison à Sussy; et si vous découvrez Marguerite, mon cher Durozel, si vous appreniez quelque chose qui vous mette sur ses traces, promettez-moi de me l'écrire sur-le-champ. — Je vous le promets; mais je vous ferai seulement observer que je ne connais pas votre jolie Marguerite, que je ne l'ai jamais vue, et qu'il me sera assez difficile de la découvrir si je la rencontre.
— Ah! vous avez raison!... Je vois bien qu'il me faut perdre toute espérance. — Ne vous désolez pas; le hasard nous sert quelquefois mieux que tout notre savoir. Songez que vous avez un ami sincère, de la fortune, deux ou trois femmes qui vous aiment, et qu'avec cela il serait très-ridicule de se désespérer.

Alexis hésitait pour retourner à Sussy; il voulait rester à Paris et recommencer à chercher Marguerite, mais Durozel lui fait sentir qu'il serait mal d'abandonner ainsi Hélène; qu'une passion sans avenir ne doit point lui faire rompre une liaison agréable, et que sa cousine a trop bien réparé ses torts pour qu'il ne lui doive pas au moins des égards et de l'amitié.

Il n'y avait que huit jours d'écoulés depuis qu'Alexis avait quitté Sussy, et déjà Hélène se mourait d'impatience, d'inquiétude, de jalousie. Cette jeune femme, jusqu'alors si coquette, si légère, si volage, éprouvait pour la première fois une passion véritable : l'indifférence de son cousin avait opéré ce changement. Après avoir cru longtemps qu'une intrigue d'amour devait se rompre dès qu'elle cessait d'être un plaisir, Hélène connaissait toutes les peines que ce sentiment traîne à sa suite; et cependant, loin de vouloir briser sa chaîne, elle cherchait sans cesse par quels moyens elle pourrait s'assurer à jamais le cœur d'Alexis.

Enfin le jeune cousin est revenu près d'Hélène, qui lui témoigne par ses transports, par ses caresses, tout le bonheur qu'elle éprouve à le revoir. Alexis fait ce qu'il peut pour paraître touché de la tendresse qu'on a pour lui, et cependant c'est presque avec froideur qu'il écoute les serments mille fois répétés de sa cousine, et cela semble alors redoubler d'ardeur pour la convaincre. Il y a des choses singulières en amour : la froideur de l'un augmente souvent la chaleur de l'autre.

On reprend les promenades dans le parc, les excursions dans la campagne. Hélène a fait défendre sa porte pour tous ceux qui viendraient la visiter; elle veut être seule avec Alexis; cette femme, qui ne pouvait vivre qu'au sein du monde et des plaisirs de la ville, chérit maintenant la campagne et la solitude : son amour lui suffit.

Dans leurs promenades champêtres, s'appuyant avec nonchalance sur le bras d'Alexis, souvent Hélène lui dit, en le regardant avec amour :
— Que je suis heureuse maintenant!... combien je préfère ces heures passées avec vous, à ces bruyants plaisirs dans lesquels s'écoulait ma vie!... Au milieu de ce monde qui m'entourait, j'éprouvais un vide..., enfin je m'ennuyais souvent; mais ici..., avec vous..., ah! je ne désire plus rien. Alexis, pensez-vous comme moi?

Alexis tâchait d'avoir l'air heureux en répondant : — Oui, ma chère Hélène; mais un soupir s'échappait souvent de son sein, et Hélène s'écriait : Oh! non, vous n'êtes pas heureux comme moi..., vous avez quelque chose..., un secret..., un autre amour que vous me cachez...; vous pensez sans doute à cette jeune personne que vous avez rencontrée dans la forêt de Saint-Germain.

Alexis essayait de détruire les soupçons de sa cousine, et celle-ci se laissait facilement persuader, car elle se serait punie elle-même en boudant trop longtemps.

Il y avait près d'un mois qu'Alexis était revenu à Sussy, lorsqu'il reçut un matin la lettre suivante de son ami Durozel :

« Je vous l'avais dit, mon cher Alexis, le hasard nous sert souvent
» mieux que nous-mêmes; j'ai découvert la demeure de votre jeune
» fille, et voici comment : je vois assez souvent Frison,-il voit quel-
» quefois Amandine, et celle-ci lui a dit dernièrement : La passion
» de M. Alexis est revenue demeurer dans notre quartier, car je l'ai
» rencontrée le matin, revenant de chercher son lait; mais n'a pas
» fait fortune, elle a l'air encore plus pauvre que quand elle logeait
» dans ma maison. Frison, qui sait l'intérêt que vous portez à cette
» jeune fille, m'a rapporté les paroles d'Amandine, et moi, en ami dé-
» voué, j'ai été le lendemain matin de très-bonne heure me planter en
» face de la laitière du quartier de notre couturière. Là, lorsque la
» plupart des boutiques étaient encore fermées, j'ai vu venir une jeune
» fille d'une mise propre, mais bien simple. A la tristesse répandue
» sur son charmant visage, j'ai deviné que ce devait être votre jolie
» Marguerite. Je l'ai suivie de loin la jeune fille lorsqu'elle emportait son
» lait. Je l'ai vue entrer dans une rue voisine... c'est, je crois, la rue
» Saint-Maur; enfin, elle est entrée dans une maison de pauvre appa-
» rence. Alors je me suis informé, non pas au portier, il n'y en a point,
» mais chez une fruitière du coin, les fruitières sont bien précieuses
» pour les renseignements. J'ai su que cette jeune fille, emménagée
» depuis cinq semaines seulement, demeure avec son père dans un
» pauvre rez-de-chaussée, au fond d'une espèce de jardin qui est der-
» rière la maison. Le père est souffrant et ne sort jamais, la fille tra-
» vaille sans cesse, et ne se donne aucun plaisir; enfin, on la nomme
» Marguerite. Tout se réunit pour me faire croire que c'est bien
» la personne que vous cherchez. »

A peine Alexis a-t-il achevé la lecture de cette lettre, et déjà il est monté à sa chambre, s'est habillé pour revenir à Paris, a pris son chapeau, et entre brusquement chez Hélène, qui était encore à sa toilette.
— Mon Dieu! qu'est-ce donc, Alexis? dit la jolie femme en examinant son cousin; vous êtes habillé dès le matin... Est-ce que vous avez des projets de promenade?... où donc me conduirez-vous aujourd'hui?
— Ma chère Hélène, je me suis habillé..., parce que... je retourne à Paris..., je vais partir sur-le-champ.
— Vous partez pour Paris ce matin..., qu'est-ce que cela signifie? Hier au soir encore il n'était pas question de départ.
— Cela est vrai, mais je viens de recevoir une lettre..., et il faut que je retourne à Paris..., c'est indispensable.
— De qui est cette lettre? — De Durozel. — Montrez-la-moi. — Je ne vois pas que ce soit nécessaire. — C'est une lettre de femme alors.
— Je vous jure que non. — Alexis, vous me trompez..., vous avez quelque intrigue, j'en suis sûre. Croyez-vous donc que je n'aie pas remarqué votre tristesse, votre air distrait, lorsque moi, je ne suis oc-

cupée que de vous !... Ah! si vous en aimiez une autre, ce serait affreux..., car, moi, je n'aime que vous..., vous le savez bien..., vous avez changé mon caractère..., vous m'avez fixée pour jamais... Alexis, je vous en prie..., n'allez pas à Paris !... — Je ne puis m'en dispenser... — Et combien de temps comptez-vous y rester ?... — Mais... je ne sais pas encore... — Eh bien, moi, monsieur, je vous donne quatre jours !... c'est plus qu'il n'en faut pour terminer ces prétendues affaires qui vous appellent. Si dans quatre jours vous n'êtes pas revenu près de moi, alors je saurai que vous ne m'aimez plus..., que vous ne pensez plus à moi... Alexis, serez-vous revenu ? — Mais..., je tâcherai... — Quoi! vous ne pouvez pas même me le promettre... Eh bien! allez, monsieur, allez, je ne vous retiens plus..., vous êtes libre!...

Alexis profite de cet avis, et, pendant qu'Hélène se jette dans un fauteuil et cache dans ses mains son front brûlant et ses yeux baignés de pleurs, il sort vivement de la maison, traverse le jardin, gagne la campagne, et marche au pas redoublé jusqu'à ce qu'il rencontre une petite voiture qui le ramène à Paris.

Le premier soin du jeune homme est de se rendre chez Durozel, qui s'écrie en le voyant :

— Je m'y attendais ! Parti aussitôt après avoir reçu ma lettre !... rien de prompt comme un amoureux. — Mon cher Durozel, je voulais d'abord vous remercier de toutes les peines que vous avez prises pour moi... C'est Marguerite, mon ami ! c'est bien elle, celle que j'adore que vous m'avez fait retrouver. — Je ne sais pas si, pour un homme raisonnable, j'ai fait là une bien belle chose : car enfin, si cette jeune fille est en effet celle que vous aimez, que comptez-vous faire?... — La secourir, mon ami, adoucir ses peines... Si elle travaille pour nourrir son père, jugez comme leur position doit être misérable. — C'est juste. Mais cette jeune fille voudra-t-elle accepter vos secours ? — Je trouverai moyen de lui être utile sans blesser sa fierté, sans qu'elle le sache même. — A la bonne heure. Je ne saurais blâmer ces sentiments généreux. Mais après... — De grâce, mon ami, veuillez me conduire devant la demeure de cette jeune fille ; c'est le dernier service que je vous demanderai. — J'espère bien que non. Mais venez, nous allons aller rue Saint-Maur.

Les deux amis se mettent en route, et arrivent dans une rue où il passe peu de monde, et qui donne dans le faubourg du Temple. Vers le milieu de cette rue, Durozel montre à Alexis une vieille maison dont les croisées ont encore de ces anciennes fenêtres à guillotine avec de très-petits carreaux, et qui a pour entrée une allée longue, obscure et sale.

— Voilà où loge la jeune fille que j'ai suivie, dit Durozel. — Merci, mon ami, maintenant..., vous pouvez me laisser... — Et qu'allez-vous faire ?... il est quatre heures de l'après-midi ; cette jeune fille ne sort que de grand matin pour aller faire ses provisions... N'importe, je verrai, je sortirai... je regarderai... Durozel, je vous en prie, allez-vous-en !...

Durozel sourit ; il serre la main de son ami en lui disant : — Bon courage ! et s'éloigne sans se retourner.

Alexis se promène de long en large pendant plus de deux heures, il a vu quelques ouvriers, quelques femmes du peuple entrer et sortir de la maison ; mais c'est tout, et il n'ose les interroger. Vers le soir, il se décide à s'approcher de l'allée, à y entrer même ; quand on y a fait douze pas, on trouve une cour sombre ; au fond de cette cour on voit derrière d'un petit jardin.

Alexis tâche d'apercevoir dans le jardin, derrière lequel est un petit corps de logis ; mais personne ne paraît ; et, ne sachant pas trop ce qu'il dirait si quelque habitant de la maison le voyait ainsi seul dans la cour, il se décide à s'éloigner, en se promettant d'être le lendemain au petit jour devant la maison.

Tout était encore désert dans les rues, lorsque Alexis revint de grand matin se mettre en embuscade. Il y avait une demi-heure qu'il attendait, lorsque enfin une jeune fille sort de la pauvre maison ; elle avait à peine mis le pied dans la rue, que déjà Alexis a reconnu Marguerite, et il frémit d'amour, de plaisir en la revoyant.

La jeune fille tient un panier et une de ces boîtes de fer-blanc dans lesquelles on porte du lait ; elle prend un côté de la rue opposé à celui où Alexis se tient blotti ; il ne sait s'il doit l'aborder sur-le-champ, ou attendre qu'elle ait acheté ses provisions ; il se décide pour ce dernier parti ; mais il suit de loin la jeune fille, et ne la perd pas de vue.

Enfin, Marguerite revient vers sa demeure, et, au moment où elle tourne le coin de la rue, elle se trouve devant Alexis.

Une vive rougeur vient colorer les traits amaigris de la pauvre petite, et elle peut à peine balbutier : — Quoi ! c'est vous, monsieur ?...

— Oui, dit Alexis en fixant sur la jeune fille des yeux pleins de tendresse ; c'est moi..., que vous avez fui..., moi, qui vous cherche toujours..., qui vous retrouve, enfin ! et qui espère bien ne plus être privé du bonheur de vous voir.

— Vous pensiez encore à moi ! répond Marguerite en laissant errer sur ses lèvres un sourire mêlé de tristesse.

— J'ai fait serment de vous aimer toute ma vie... ; vous avez pu ne pas me croire, mais moi, je sais bien que cela ne peut être autrement...

— Ah ! monsieur Alexis..., je vous ai dit qu'il ne fallait pas m'aimer...

— Marguerite, si vous partagiez mon amour..., je serais si heureux...

— Adieu, monsieur..., je ne puis vous écouter..., je ne vis plus seule..., mon père est avec moi ; il dormait tout à l'heure ; mais en s'éveillant il aime à trouver sa fille près de lui..., je suis toute sa consolation... Pauvre père ! il a tant souffert..., et pour moi... Adieu, monsieur Alexis..., oubliez-moi..., ne me parlez plus, car si vous connaissiez mes malheurs... Ah ! vous me fuiriez sans doute.

— Non, dit Alexis en retenant la jeune fille, non, je ne vous fuirais pas... ; vous le voyez bien, Marguerite, puisque je suis ici ; et pourtant je sais tout, le nom de votre père..., son emprisonnement..., la cause..., tout m'est connu..., et je vous aime et je vous supplie encore de ne pas me fuir.

Marguerite a pâli, elle a paru un moment saisie d'effroi ; mais bientôt son sein se gonfle, ses yeux se mouillent de larmes, et tendant sa main à Alexis, elle lui dit :

— Quoi !... vous connaissez mes malheurs..., notre honte !... et vous me parlez..., Oh !... que c'est bien cela !... Ah !... je vous aime aussi, moi..., et maintenant je ne rougis plus de vous l'avouer ; car il faut que vous m'aimiez bien pour me le dire, en sachant qui je suis.

Alexis a pris la main de Marguerite, il la presse avec transport dans les siennes, en lui disant : — Vous m'aimez..., il serait vrai !... ah! si vous saviez combien je suis heureux !... chère Marguerite !... Moi, je fais serment de vous adorer toute ma vie!

La jeune fille rougit de plaisir, puis regarde timidement autour d'elle si personne ne peut entendre ces paroles, qui font si vivement battre son cœur. Mais la rue était encore presque déserte, et quelques ouvriers qui passaient en allant à leur ouvrage s'inquiétaient peu de la conversation des deux amants.

— Mais, reprend Marguerite en redevenant triste, à quoi servira cet amour..., si ce n'est à nous rendre malheureux ?...

— Ne croyez pas cela, Marguerite ; l'amour ne rend jamais malheureux quand il est partagé.

— Cependant, monsieur Alexis..., voulez-vous que vous me jugez assez bien pour penser que je ne serai pas votre maîtresse..., et moi, je sais bien aussi que je ne puis espérer devenir votre femme.

— Pourquoi nous chagriner d'avance, Marguerite ? Vous m'avez avoué que vous m'aimiez..., il me semble que maintenant mon bonheur est assuré... Pardonnez à ma joie..., n'est-ce pas bien naturelle ?

— Oh ! tenez, je serais bien heureuse aussi, moi, si je pouvais oublier... Mais comment peut-on vous oublier... mon père... Où donc a pu vous dire de secret que j'espérais cacher à tout le monde ?

— Marguerite, vous allez m'en vouloir peut-être. Rappelez-vous notre rencontre lorsque vous alliez à Poissy..., vous m'aviez fait promettre de vous attendre dans le bois, de ne pas vous suivre ; et cependant...

— Vous m'avez suivie ! répond la jeune fille en baissant les yeux vers la terre. — Oui, et alors... j'ai tout appris... Vous devez me pardonner, puisque cette découverte n'a pu changer mes sentiments... — Ah ! monsieur Alexis, on a dû vous dire que mon père était un misérable..., un criminel. Mais ce qu'on ne vous aura pas dit, c'est qu'il a été condamné injustement, c'est qu'il était innocent..., c'est que jamais la pensée d'un vol ne put être formée par un homme probe, estimable, qui pendant toute sa vie n'avait pas commis une action dont il aurait eu à rougir... Mon pauvre père ! j'étais tout son bien, toute sa joie. Voulant, à défaut de fortune, que je pusse recevoir une brillante éducation, mon père m'avait placée dans un riche pensionnat, le même où était élevée votre cousine Hélène de Brévanne. Ce fut peut-être une faute, mais ce n'est pas moi qui dois trouver cela mal ; car, pour payer exactement ma pension, mon père se privait de tout plaisir, vivait avec la plus stricte économie ; tout son bonheur était de venir me voir au pensionnat, heureux lorsqu'il pouvait m'apporter quelque petit présent. Enfin, trouvant qu'on ne récompensait pas ce qu'il voulait bien appeler mon amour pour le travail, mon père me retira du pensionnat et me reprit avec lui. Je me trouvais bien heureuse ; car je pouvais tous les jours embrasser mon bon père. Et lui !... il était si content lorsqu'en revenant de son bureau il me pressait dans ses bras !... et c'est sa tendresse pour moi qui fut cause de son malheur !... Il avait économisé sur ses appointements, depuis longtemps il mettait quelque argent de côté pour me faire un beau cadeau... ; il voulait que sa fille eût un châle à la mode..., quoiqu'elle ne fût pas toujours moins bien mise que les autres... Et un soir, se rappelant que le lendemain était ma fête, il retourna à son bureau y chercher l'argent qu'il avait amassé pour moi ; puis il m'acheta un châle... et me l'apporta, en me disant avec orgueil : Je veux que tu sois belle aussi !... moi, j'étais si contente !... Et le lendemain, ô mon Dieu ! mon père fut arrêté, mis en prison, puis jugé, condamné comme un voleur... Ah ! monsieur !... si mon père eût commis un crime, est-ce qu'il serait venu le même soir, avec joie, avec orgueil, embrasser son enfant ?...

Marguerite n'a pu retenir ses larmes, et Alexis, vivement touché par le récit qu'il vient d'entendre, lui presse tendrement la main, en s'écriant :

— Oui, votre père est innocent..., je le crois. Marguerite, j'en suis

persuadé, moi. Il fut injustement condamné. — Ah! monsieur Alexis, si vous saviez quel bien vous me faites en disant cela! — Mais ne pourrait-on avoir quelque moyen... pour faire reviser ce jugement?...
— Hélas!... où trouver des preuves de son innocence?... Un moment, cependant, j'eus un faible espoir. — Ah! voyons. — Vous rappelez-vous cet homme de mauvaise mine qui vint chez moi le soir où vous y étiez?... — Oui; et je voulais toujours vous demander quel était cet homme... — Je ne le connaissais pas. Mais une fois déjà il était venu chez moi. Il arrivait de Poissy, de la maison de détention, où il avait été, me dit-il, voir un de ses amis; là, il avait vu mon père dont il connaissait la malheureuse affaire, et il venait gracieusement pour rien donner de ses nouvelles. Le lendemain j'allai à Poissy, je questionnai mon père sur cet homme. Mon père n'avait chargé personne de venir me voir, et ne comprit rien à cette visite. Il m'engagea à me méfier de cet inconnu et à ne plus le recevoir. Lorsqu'il vint la seconde fois..., c'est alors que vous étiez chez moi, sa vue me troubla..., car j'avais peur que devant vous il ne prononçât le nom de mon père. Lorsque vous fûtes parti, il me parla encore de mon père, de sa condamnation, et me dit... Oh! je me rappelle ses paroles : Si vous aviez de l'argent, vous trouveriez peut-être le vrai moyen..., vous sauriez le mot de cette énigme; mais vous entendez bien que celui qui sait le fin mot ne le dirait pas pour rien!... Hélas! dis-je en pleurant, je ne possède rien au monde..., et je mange du pain noir quand je veux économiser quelques secours que je porte à mon père. Alors il n'y a plus à songer, me répondit cet homme; puis il partit, et je ne l'ai pas revu!
— Eh bien! ceci doit vous rendre quelque espérance, dit Alexis; cet homme paraît savoir quelque chose. Je le retrouverai, avec de l'or je le déciderai à parler : la vérité sera connue, on rendra l'honneur à votre père, et vous ne nommerai mon épouse.
— O mon Dieu! s'il était possible!... Ah! vous me faites entrevoir un trop bel avenir... Il ne pourra se réaliser.
— Espérez, Marguerite; songez qu'il y a quelqu'un qui vous aime, et qui ne s'occupera plus que de vous rendre au bonheur.
— Mais le temps s'écoule bien vite en vous parlant..., mon père doit être éveillé... Adieu, monsieur Alexis!... — Je vous verrai demain... le voulez-vous?... — Oh oui! maintenant je ne veux plus vous cacher que cela me fait bien plaisir aussi.
Les deux amants échangent de ces regards dans lesquels on met toute son âme; puis Marguerite regagne sa demeure, et Alexis, ivre de joie, léger comme une plume, court chez Durozel, et lui saute au cou, en lui disant :
— Elle m'aime, mon ami! Marguerite m'aime!... Comprenez-vous mon bonheur? — Parbleu, il y a longtemps que je sais cela..., si vous croyez m'apprendre une nouvelle. — Mais elle me l'a dit..., elle m'en a fait l'aveu... — Et vous le saviez avant : c'est toujours comme cela. — Mais son père n'est pas coupable..., il fut injustement condamné. — Elle vous en a donné des preuves? — Non..., mais il y a un homme qui paraît en avoir..., qui prouvera l'innocence de Meynaud... — Quel est cet homme? — Cet inconnu que j'ai vu une fois chez Marguerite... — Qui est-il? quel est son nom?... où le trouverez-vous? — Eh mon Dieu! je n'en sais rien..., et Marguerite ne le connaît pas plus que moi. — Alors, vous voilà bien avancé! — Ah! Durozel, vous m'ôtez pas l'espoir!... laissez-moi être heureux... Marguerite m'aime..., je dois tout faire pour lui rendre l'honneur. — Est-ce que je vous en empêche? Au contraire, je ne demande pas mieux que de vous seconder ; seulement, jusqu'à présent, je ne vois pas que nous approchions de ce but. Et votre chère cousine?... — Ah! ne me parlez pas d'Hélène : j'ai retrouvé Marguerite, je la verrai tous les matins, tous les soirs, je ne veux plus vivre que pour elle. — Ce n'est pas une raison pour délaisser entièrement votre cousine. Tous les jours on a son cœur d'un côté et sa personne de l'autre : mais vous ne voulez pas vous former...
Le lendemain, Alexis était de grand matin près de la demeure de Marguerite; il a pensé qu'elle sortirait plus tôt, afin d'avoir plus de temps à rester avec lui; il ne s'est pas trompé : la jeune fille, franche et pure comme son amour, ne cache pas à Alexis le plaisir que lui fait sa présence, et comme c'est bien peu de ne se voir qu'un moment le matin, Marguerite permet à celui qu'elle aime de venir aussi causer avec elle l'après-dînée, moment où son père cherche dans le repos l'oubli de ses chagrins.
Cependant il ne suffit pas à Alexis de répéter chaque jour à Marguerite qu'il l'aime et n'aimera jamais qu'elle; il a deviné la misère de cette jeune fille, qui travaille sans relâche pour nourrir son père, et il cherche par quel moyen il pourrait la secourir sans blesser sa délicatesse. Il apprend que M. Meynaud, trop faible pour sortir et chercher du travail, est cependant en état d'écrire; mais qu'en vain, jusqu'alors, sa fille a cherché à lui trouver de l'occupation. Aussitôt Alexis se procure de vieux livres, dont il faut, dit-il, faire des extraits, des manuscrits dont il lui faut plusieurs copies; il fait croire à la jeune fille qu'il sera heureux si son père veut bien se charger d'une telle besogne, et que, connaissant beaucoup d'hommes d'affaires, il lui en fournira toute l'année. Marguerite est dupe de ce mensonge. Son père bénit le ciel, qui lui envoie du travail; Alexis paye les copies trois fois leur valeur, et, grâce à cette ruse délicate, un peu de bien-être renaît chez ces infortunés.

Près de trois semaines se sont écoulées. Chaque jour Alexis voit Marguerite. Le matin, lorsqu'elle va faire ses emplettes, il l'attend dans la rue; mais, à la brune, pendant que M. Meynaud goûte une heure de sommeil, le jeune homme entre dans la maison, et, pénétrant jusqu'à l'entrée du petit jardin, il peut plus librement s'entretenir avec celle qu'il aime. Plus d'une fois il a demandé à Marguerite de le présenter à son père, mais la pauvre petite n'ose pas. Depuis le jugement qui l'a condamné, M. Meynaud est devenu misanthrope; il fuit les hommes, il les hait, il ne veut plus voir personne. D'ailleurs, il craint toujours qu'on ne sache ce qui lui est arrivé, et qu'on ne lui jette au visage un mot flétrissant qu'il ne pourrait supporter. Cependant sa fille lui parle souvent de la personne qui lui procure de la copie comme de quelqu'un qui leur porte beaucoup d'intérêt, et elle espère, avec le temps, décider son père à recevoir Alexis.
Depuis qu'il est revenu à Paris, depuis qu'il ne s'occupe plus que de Marguerite, Alexis n'a pas une seule fois entendu parler de sa cousine.
— Vous le voyez, dit-il à Durozel, Hélène a pris son parti..., elle m'a oublié ; et elle a bien fait, car je ne pouvais plus la tromper!
Et Durozel lui répond, en secouant la tête :
— Prenez garde! les femmes comme votre cousine s'attachent beaucoup, quand il leur arrive d'aimer! J'ai peine à croire que Mme de Pomponney vous ait déjà oublié, et, quelque jour, vous pourriez bien avoir de ses nouvelles!
Alexis était, vers la fin d'une belle journée, dans le petit jardin où il causait avec Marguerite; celle-ci avait laissé son père endormi dans son vieux fauteuil. La santé de M. Meynaud s'améliorait bien, et la jeune fille s'en affligeait près d'Alexis, qui cherchait à la consoler, lui promettait de faire tous ses efforts pour retrouver cet homme qui devait rendre l'honneur à son père, et finissait par lui faire de nouveaux serments d'amour, que Marguerite écoutait en rougissant, mais qu'elle était bien heureuse d'entendre.
Les deux amants se parlaient à demi-voix; ils ne voulaient pas que M. Meynaud pût les entendre, dans le cas où il se réveillerait; et puis, pour se jurer que l'on s'aime, le mystère est plus doux que le bruit.
Tout à coup, auprès d'eux, un cri étouffé se fait entendre : ils se retournent avec effroi... Une femme est là, à leur côté, pâle, tremblante, respirant à peine, ayant les yeux attachés sur Marguerite, qu'elle semble vouloir fasciner de son regard. Cette femme, c'est Hélène! Alexis la reconnaît, et il demeure interdit, immobile; quant à Marguerite, ce n'est que de la surprise, de l'inquiétude qu'elle éprouve : elle n'a pas encore reconnu Hélène. Mais déjà, cependant, ses yeux semblent interroger Alexis et lui demander ce qui autorise cette dame à venir les épier. Elle ne reste pas longtemps dans l'incertitude; car, après les avoir encore contemplés tous deux, Hélène dit d'une voix altérée :
— La voilà donc, celle pour qui l'on m'abandonne..., celle qui vous fait tout oublier... O mon Dieu, je souffre... C'est dans un faubourg..., dans une aussi misérable demeure que vous cherchez vos conquêtes! En vérité, mon cousin, je ne vous fais pas compliment sur votre goût!... et je ne pensais pas que vous me donneriez une telle rivale...
— Son cousin? dit Marguerite. Mon Dieu! cette dame est donc... Ah!... oui, oui, je la reconnais, c'est...
La jeune fille s'arrête ; elle craint d'en avoir trop dit, car elle ne voudrait pas être reconnue par Hélène. Mais ces deux mots, sa voix a vivement frappé Mme de Pomponney; il réveille tous ses souvenirs, et, examinant de nouveau Marguerite, elle s'écrie :
— Ne me trompé-je pas!... Non! c'est elle..., Marguerite Meynaud!... oh! oui, oui, je la reconnais bien maintenant!... Marguerite Meynaud!... votre maîtresse!...
— Ma cousine, de grâce, parlez plus bas, dit Alexis, il y a près d'ici quelqu'un... qui souffre... Si mademoiselle a été votre compagne de pension, c'est une raison de plus, je pense, pour qu'elle ait des droits à votre intérêt.
— A mon intérêt! s'écrie Hélène en jetant sur Marguerite des regards enflammés par la jalousie. En vérité, monsieur, il faut que votre passion vous aveugle bien! il faut qu'elle vous trouble la raison pour que vous osiez me tenir de tels discours!... Moi, m'intéresser à cette fille...
— O madame! je vous en prie! parlez plus bas, dit Marguerite, en joignant les mains pour implorer Hélène.
— Cette fille! murmure Alexis avec colère. Ma cousine, n'outragez pas Marguerite..., elle ne l'a pas mérité..., et je ne vous le pardonnerais jamais...
— Que je n'outrage pas mademoiselle! reprend Hélène, en affectant de parler plus haut, et avec un rire forcé; ah! ah! j'aime beaucoup cette recommandation... Mais elle me semble totalement inutile..., on ne peut plus outrager mademoiselle..., car Mlle Marguerite Meynaud est la fille d'un voleur.
Ces mots étaient à peine prononcés qu'un gémissement sourd est parti du pavillon habité par Meynaud, et Marguerite éperdue y court en s'écriant :
— Ah! madame!... vous avez tué mon père!
Hélène est restée stupéfaite; mais Alexis la prend par le bras, et

l'entraîne en lui disant : — Venez, madame ; vous ne resterez pas plus longtemps dans un lieu où vous avez apporté les larmes et le désespoir.

La voiture d'Hélène attendait devant la maison ; Alexis veut y faire monter sa cousine : — Vous allez m'accompagner, lui dit Hélène, sinon je retourne parler à Marguerite.

Alexis ne répond rien, mais il se jette dans la voiture, près d'Hélène, et les chevaux les emportent loin de la demeure de Marguerite.

XXII. — LA PETITE MAISON DE CHAMPIGNY.

Pendant le trajet jusqu'à la demeure de Mme de Pomponney, les deux personnes qui sont dans la voiture ne se sont pas dit un mot. Alexis, exaspéré par la conduite de sa cousine, semble faire ses efforts pour maîtriser son indignation ; quant à Hélène, semblable à toutes les femmes auxquelles la jalousie fait faire des sottises, lorsque le premier accès est passé, elle s'aperçoit qu'elle a été trop loin, et cherche comment elle pourra justifier ce qu'elle a fait.

On est arrivé. Hélène descend de voiture ; elle n'ose prier Alexis de lui accorder quelques minutes d'entretien, mais, sans qu'elle l'en prie, il la suit jusqu'à son appartement et, lorsqu'ils sont seuls, lui dit, en s'efforçant de modérer son agitation :

— Je suis bien puni, madame, d'avoir feint quelque temps un sentiment que je n'éprouvais plus... Oui, j'ai eu tort..., je le vois ; et cependant, si vous vouliez vous rappeler comment notre intimité s'est formée, vous avoueriez que je ne cherchais plus... ce bonheur que vous m'avez offert. Tenez, Hélène, je veux que vous lisiez dans mon âme... En arrivant à Paris, je vous adorais ; vous étiez mon idole..., ma vie !... vous avez alors repoussé mon amour. Oh ! ce n'est plus un reproche que je vous adresse... Longtemps je fus inconsolable ; enfin je rencontrai Marguerite..., je l'aimai... et je vous oubliai... L'amour, vous le savez bien, se guérit par un autre amour. Depuis, je vous ai revue..., vos premiers sentiments pour moi se sont réveillés..., vous me l'avez dit, du moins..., moi je n'aimais que Marguerite... ; mais je l'avais perdue..., j'ignorais si je la reverrais jamais..., et j'étais près de vous..., de vous, qui êtes belle..., et je vous laissai croire que je vous aimais encore... Je vous trompais, Hélène ; je n'avais point d'amour pour vous..., et, dans vos bras mêmes, je ne pensais qu'à Marguerite... Voilà mon tort... Je ne vous suis donc point infidèle pour cette jeune fille, car je n'ai jamais cessé de l'aimer. Vous pouviez m'accabler de reproches..., mais venir insulter, outrager une jeune fille sage, malheureuse..., dont le père fut injustement condamné, ah ! vous n'en aviez pas le droit !... et ce que vous avez fait aujourd'hui est une mauvaise action.

Hélène a pleuré en écoutant Alexis ; lorsqu'il a cessé de parler, elle lui répond d'une voix entrecoupée par les sanglots.

— Vous ne craignez pas de déchirer mon cœur en me disant que vous ne m'aimez pas..., que c'est... par pitié seulement que vous avez feint de répondre à des sentiments que vous ne partagiez pas. Eh bien, moi aussi, je veux être franche..., moi aussi, je veux que vous lisiez dans mon âme... Je vous aime, Alexis, je vous aime avec passion !... et, en ce moment même où vous venez de me faire un aveu si cruel, eh bien ! mon amour pour vous n'en est point altéré !... car vous seul m'avez fait éprouver ce sentiment... que jusqu'alors j'avais méconnu... Ah ! si vous saviez combien j'étais heureuse lorsque je croyais mon amour partagé !... Mais tout à coup vous me quittez..., je vous attends en vain..., je ne reçois pas de vos nouvelles, alors je pars... La jalousie est un mal affreux..., je l'éprouvais déjà. J'arrive à Paris ; je vous fais suivre, épier ; j'apprends que tous les matins vous allez attendre une jeune fille..., que tous les soirs vous entrez dans la maison qu'elle habite... Alors je ne raisonne plus..., je vais vous chercher près de cette femme..., et lorsque dans celle que vous aimez, je reconnais Marguerite..., vous voulez que je contraigne ma jalousie !... Marguerite Meynaud ! Ah ! je la détestais déjà au pensionnat ;

— Madame, je vous en supplie ! sauvez-moi, délivrez-moi... — Page 67.

il semblait qu'un secret pressentiment m'avertit que cette jeune fille causerait tous mes malheurs ! Mais songez donc, Alexis, que si j'ai été forcée d'épouser M. de Pomponney..., d'unir mon existence à celle d'un homme qui ne m'inspirait que du dégoût, c'est le père de cette fille qui en fut cause... S'il n'avait pas volé mon banquier, celui-ci n'aurait pas fait banqueroute ; je conservais ma fortune, et toute ma destinée changeait. Vous me dites aujourd'hui que ce Meynaud ne fut pas coupable !... mais écoutez les criminels : pas un d'eux n'a mérité le jugement qui le condamne !... Alexis, mon ami..., revenez à la raison... Si Marguerite n'est pas votre maîtresse, songez qu'elle ne peut être votre femme... Aujourd'hui la jalousie m'a entraînée trop loin..., pardonnez-moi... Pouvez-vous me faire un crime de vous aimer ?

Alexis a écouté sa cousine sans l'interrompre ; mais, retirant vivement sa main qu'elle a voulu presser dans les siennes, il lui répond d'un ton calme :

— Tout ce qu'on pourrait me dire est inutile, madame ; je n'aimerai jamais que Marguerite, et quelque jour peut-être serai-je assez heureux pour vous prouver l'innocence de son père.

En achevant ces mots, Alexis sort de l'appartement, laissant Hélène donner un libre cours à sa douleur.

La nuit était venue. Alexis ne juge pas convenable de retourner en ce moment chez Marguerite, près de son père ; il se résout à attendre le lendemain pour aller la consoler, pour lui jurer qu'il l'aime heureuse, enfin pour tâcher de réparer tout le mal que celle-ci vient de faire.

Après une nuit qui lui a semblé éternelle, pendant laquelle Alexis n'a pas goûté un moment de repos, il voit enfin arriver le jour. Il se lève, s'habille à la hâte, et se rend dans la rue Saint-Maur, en se disant :

— Il est de bien bonne heure..., et Marguerite ne va pas venir encore..., mais pourtant elle doit être aussi impatiente que moi..., nous avons tant de choses à nous dire... Je gagerais qu'elle n'a pas dormi non plus.

Une demi-heure s'écoule, puis une autre, et Marguerite ne paraît pas. Cependant les habitants du quartier sont levés, les laitières sont à leur place, la matinée est commencée. Alexis ne comprend point ce retard ; ses yeux ne quittent point la maison de laquelle la jeune fille devrait sortir : chaque minute augmente son inquiétude. Quelquefois

Paris. Imp. de Gerdès, rue St-Germain-des-Prés, 14.

il pense que Marguerite est fâchée contre lui, qu'elle veut le punir d'avoir été aimé de sa cousine : ou bien il se figure que son père est plus malade, et qu'elle ne peut le quitter.

Tout en faisant ces conjectures, Alexis se rapproche de la maison, il se décide à entrer dans l'allée, puis dans la cour. Enfin il regarde dans le jardin : il n'entend ni n'aperçoit personne. Mais en jetant les yeux sur le petit corps de logis du fond, il remarque que la porte d'entrée est ouverte. Pressentant alors quelque événement fâcheux, il entre dans le jardin, s'approche du pavillon, pénètre dans la première pièce, puis dans la seconde. Il n'y a plus de locataire : les meubles sont en désordre, tout annonce qu'on a récemment abandonné ce logement.

— Partie ! encore partie ! s'écrie Alexis en jetant des regards désolés autour de lui. Et cette fois, je ne parviendrai peut-être plus à la retrouver !

Il sort précipitamment du pavillon, retourne à la maison sur le devant, appelle, frappe à plusieurs portes ; enfin une vieille femme paraît, et lui demande ce qu'il désire.

— Je veux savoir ce que sont devenues les personnes qui logeaient au fond du jardin, un vieux monsieur et sa fille ; il faut absolument que je les retrouve... Tenez, madame, voici de l'argent, de l'or..., mais, de grâce, dites-moi où ils sont allés.

La vieille femme fait des yeux effrayants en considérant les pièces de vingt francs et de cent sous qu'Alexis lui présente ; puis poussant un gros soupir, elle répond :

— Mon Dieu !... Seigneur !... je voudrais bien vous satisfaire ! le ciel m'est témoin que ça me ferait ben plaisir ; mais ces bonnes gens qui logeaient là, en garni, ont payé hier au soir la principale locataire, et sont partis avec leurs paquets, qui n'étaient pas ben gros..., et la pauvre jeune fille pleurait ! Queu bijou !... et elle disait à son père : — Vous êtes malade, vous n'aurez pas la force de marcher ; et celui-ci répondait : — C'est égal, je ne veux pas rester ici plus longtemps. Et ils sont partis à la nuit. Mais vous dire où ils sont allés ! Jésus, mon Dieu ! je n'en sais pas plus.

Alexis donne une pièce d'or à la bonne femme, qui veut à toute force se mettre à genoux devant lui, et, après avoir fait d'inutiles questions aux personnes qui logent aux environs, il revient chez Durozel plus triste, plus désolé que jamais, lui faire le récit de tout ce qui s'est passé depuis la veille.

Durozel écoute le jeune homme avec attention, et, lorsque celui-ci a terminé son récit, lui répond avec son sang-froid habituel :

— Vous avez déjà perdu Marguerite deux fois, et vous l'avez toujours retrouvée ; je ne vois pas pourquoi vous ne la retrouveriez pas une troisième ! il n'y a donc aucune raison pour vous de désespérer. Nous recommencerons notre vie de recherches, de perquisitions ; on pourrait employer son temps plus agréablement, mais nous aurons pour nous l'habitude : c'est quelque chose.

Alexis fait son possible pour supporter avec courage le nouveau chagrin qui vient de l'accabler ; mais lorsqu'au bout d'un mois de perquisitions continuelles, il n'a rien pu découvrir qui l'ait mis sur les traces de celle qu'il aime, alors une sombre tristesse s'empare de lui, et Durozel lui-même commence à s'affliger de sa douleur.

— Pauvre petite ! dit Alexis dont tout le bonheur est de parler de Marguerite ; quelle doit être sa position, sans argent, sans autre ressource que le peu qu'elle gagne avec son aiguille..., et ayant avec elle son père malade..., auquel elle voudrait donner tout ce qui peut le soulager ! Sans doute, pour qu'il ne manque pas du nécessaire, elle passe les nuits et ne mange pas du pain. Ah ! mon ami, c'est cette pensée qui me désespère !... On peut oublier ceux qu'on aime quand on les sait heureux, mais quand ils souffrent, leur image doit toujours être présente à notre souvenir.

Hélène a plusieurs fois écrit à Alexis. Elle le supplie toujours de lui pardonner, mais Alexis s'est contenté de brûler les lettres de sa cousine sans y faire de réponse.

Près de deux mois se sont écoulés. On n'a rien appris qui puisse mettre sur les traces de Marguerite et de son père. La douleur d'Alexis est devenue morne et silencieuse. Durozel ne peut parvenir à le distraire, quoique Frison et son fidèle compagnon Grandinet le secondent de tous leurs efforts ; l'un, en venant demander à déjeuner à Alexis ; l'autre, en mettant son accordéon à sa disposition.

Un soir, cependant, Alexis a consenti à accompagner ses amis au spectacle, parce que Durozel lui a dit : — Si vous tombez malade, vous ne pourrez plus chercher votre petite Marguerite.

Dans un entr'acte, le jeune Frison propose d'aller boire du punch ; il a changé de régime et tient à le faire voir. En sortant du spectacle, Alexis est arrêté par un homme qui lui demande sa contre-marque ; il va le repousser, lorsque ses yeux se portent sur son visage : aussitôt un souvenir le frappe, et, sai-

M. de Pomponney entre dans la chambre ; il devient vert, pourpre et tremblant. — Page 67.

sissant le bras de Durozel, il lui dit à l'oreille :

— Voilà l'homme qui a été chez Marguerite..., l'homme que nous cherchions. C'est lui ! j'en suis certain.

— En ce cas, laissez-moi faire, dit Durozel. Suivez-moi de loin avec ces messieurs, et ne vous mêlez de rien..., votre précipitation gâterait tout...

Durozel a quitté Alexis, il suit des yeux l'homme qu'il lui a désigné, et, l'abordant lorsqu'il n'est plus entouré de monde, lui dit :

— Tu fais des commissions ? — Je fais tout ce que l'on veut pour gagner de l'argent. — Dix francs pour toi si tu veux me suivre. — Tout de suite ! marchez.

Durozel prend à grands pas le chemin de sa demeure. L'homme

marche à côté de lui, et, à vingt pas derrière eux, Alexis s'avance avec Frison et Grandinet qui, en voulant aller aussi vite que les autres, finit par perdre un de ses socques.

Durozel est entré chez lui avec l'inconnu ; à peine y sont-ils, qu'Alexis y arrive avec ses compagnons. A la vue de ces quatre personnes qui l'entourent, l'homme qui a suivi Durozel semble inquiet. Alexis s'empresse de le rassurer, en lui disant :

— Ne craignez rien. On vous a promis dix francs pour vous faire venir ici ; eh bien, moi, je vous en promets mille..., trois mille, si vous répondez avec franchise à mes questions.

— Trois mille francs ! murmure l'inconnu en considérant Alexis. Ça me va !... ça me va joliment !

— C'est beaucoup trop ! dit tout bas Frison à Grandinet ; cet homme-là aurait parlé pour cent écus !... et nous aurions mangé le surplus.

Grandinet ne répond rien ; il regarde d'un air piteux le socque qui lui reste.

— Regardez-moi, reprend Alexis ; vous ne me reconnaissez pas, mais moi, je vous ai vu chez une jeune fille nommée Marguerite..., qui demeurait alors rue Corbeau, au cinquième...

— Ah ! oui..., je me rappelle ! répond l'homme en souriant.

— Cette jeune personne est la fille d'un nommé Meynaud, qui a subi cinq ans de prison pour un vol qu'il n'a pas commis... Vous connaissez toute cette affaire ; vous avez dit à cette jeune fille que, si elle avait de l'argent, on pourrait rendre l'honneur à son père... Eh bien, voilà la révélation que vous demande..., Parlez, dites tout ce que vous savez..., ces billets de banque sont à vous...

L'homme prend les trois billets de banque qu'Alexis lui présente, les examine, les met dans sa poche et répond :

— Je vais vous conter comment cela s'est passé..., ce ne sera pas long. Je me nomme Léonard. J'avais été garçon de recette chez le banquier... J'avais fait des bêtises, on m'avait renvoyé. Un jour, je rencontre mon ancien patron, qui me dit : Cinq mille francs pour toi, si tu veux ce soir venir à ma caisse... En voilà une double clef : tu prendras un portefeuille dans lequel il n'y a plus rien ; mais j'ai besoin de faire croire que j'ai été volé. J'acceptai la commission ; je m'introduisis dans la caisse, je pris le portefeuille... qui était vide, et je me sauvai après avoir reçu la somme que le banquier m'avait promise. Malheureusement, un pauvre diable, un vieux commis..., le père de cette jeune fille, alla ce même soir travailler à la caisse, et c'est lui qui fut accusé du vol. Quant au banquier, après avoir fait banqueroute, il partit pour l'étranger avec l'argent qu'il s'était lui-même volé.

Une profonde indignation se peint sur tous les visages. Léonard reprend :

— Moi, avec mes cinq mille francs, je filai aussi ; j'allai m'amuser en Italie : je fus plus de quatre ans absent. Quand je revins, j'appris comment l'affaire avait tourné. Je sus que ce pauvre M. Meynaud était à Poissy ; que sa fille allait le voir, la consoler. Je suivis un jour la petite..., puis j'allai chez elle... J'avais envie de lui conter toute l'affaire, mais je me dis : Quand on saura la vérité, j'irai à mon tour passer quelque temps en prison..., et en prison sans argent, on s'ennuie... Une révélation comme ça valait bien mille écus... Voilà toute l'affaire.

— Maintenant, dit Durozel, vous allez nous accompagner chez le juge d'instruction ; et là, vous répéterez tout ce que vous venez de nous dire.

Léonard hésite un moment, mais il se décide, en s'écriant : — Ah ! après tout, c'est juste..., il faut bien gagner les mille écus.

Le même soir, un juge avait reçu la déposition de Léonard, qui, à l'appui de son récit, joignit le portefeuille et la clef de la caisse, qui étaient toujours restés en sa possession. Alexis renaît à l'espérance ; il se flatte de rendre l'honneur au père de Marguerite. Par ses soins, quelques lignes insérées dans les journaux instruisent le public du nouveau jour répandu sur cette affaire ; il espère que cela parviendra jusqu'à l'infortuné injustement condamné, et qu'alors il quittera sa retraite pour venir réclamer justice.

Ces événements venaient d'avoir lieu, lorsque Alexis reçoit une nouvelle lettre d'Hélène, qui le presse encore de lui pardonner. Jusqu'alors, le jeune homme n'avait fait aucune réponse à sa cousine ; cette fois, il lui envoie la copie de la déposition de Léonard, en y ajoutant seulement ces mots :

« Vous voyez que je me m'étais pas trompé ; le père de Marguerite
» était innocent, et c'est vous, madame, qui, en portant encore le
» désespoir, la honte, dans l'âme de cet infortuné, l'avez décidé à fuir
» de nouveau. Je n'oublierai le mal que vous avez fait que lorsqu'il
» sera réparé. »

Hélène était seule au fond de son appartement, où depuis quelque temps elle vivait séquestrée du monde, dont elle fuyait maintenant le bruit et les plaisirs. Elle n'osait plus espérer une réponse d'Alexis, et pourtant elle lui écrivait toujours, en se disant : Il sera peut-être touché de ma peine et de la constance de mon amour.

Lorsque sa femme de chambre lui apporte la réponse qu'Alexis vient de lui faire, Hélène éprouve une émotion si vive, que c'est d'une main tremblante qu'elle reçoit la lettre qu'on lui présente : une réponse d'Alexis lui semble une si grande faveur, qu'elle n'ose y croire encore.

Elle se hâte de renvoyer sa domestique. Quand notre cœur espère un grand bonheur, nous voulons être seuls pour le goûter sans mélange.

Mais à peine Hélène a-t-elle parcouru des yeux la déposition de Léonard, qu'un profond désespoir se peint sur son visage ; et lorsqu'elle a lu les mots tracés par Alexis, elle laisse tomber sa tête sur sa poitrine, en balbutiant :

— Cet homme était innocent !... ah ! tout est fini pour moi maintenant..., il aimera toujours Marguerite, et jamais il ne me pardonnera.

Hélène est restée plusieurs heures comme absorbée dans ses pensées. Enfin, elle se lève ; une profonde tristesse est toujours empreinte sur ses traits, mais on lit dans ses yeux plus de calme, de fermeté ; on voit qu'elle a su prendre une courageuse résolution. Elle ouvre son secrétaire, compte ce qu'elle a d'argent, puis sonne sa femme de chambre, et lui dit :

— M. de Pomponney est-il ici ? je voudrais le voir.

— Monsieur n'est pas à Paris, madame ; il y a plus de trois semaines qu'il est absent. — Où est-il ? j'ai besoin de lui parler... — Je n'en sais rien, madame... ; mais le concierge doit le savoir, car il envoie à monsieur ce qui vient ici pour lui. — Faites monter le concierge.

Le concierge arrive et salue humblement Hélène qui lui dit :

— Où est en ce moment M. de Pomponney ? — Madame, monsieur est depuis trois semaines à sa maison de campagne de Champigny..., mais il m'a ordonné de ne pas le dire à ses amis... Il ne se soucie pas d'y recevoir des visites..., et si ce n'avait pas été madame... — C'est bien, c'est assez. Dites que l'on mette sur-le-champ les chevaux à ma calèche.

Le concierge s'éloigne, craignant d'avoir fait une bêtise en disant où est son maître. Hélène, tout en se préparant à sortir, dit à sa femme de chambre :

— Juliette, vous allez sur-le-champ emballer une partie de mes robes..., mettez tout ce qu'il me faut pour un long voyage... En revenant de Champigny, je partirai..., je vous emmène... Nous irons en Italie, en Suisse..., je ne sais où encore... ; mais il faut que je m'éloigne de Paris... pendant longtemps..., bien longtemps !

Hélène monte en voiture. Elle n'avait jamais été à la maison de campagne que son mari possédait à Champigny, mais elle savait qu'elle était située à l'entrée du village ; et, un jour, M. de Pomponney avait fait devant elle la description de ce qu'il appelait sa villa. D'ailleurs, avec de bons chevaux, un trajet de trois lieues est bientôt fait rapidement ; il n'y avait pas cinq quarts d'heure qu'Hélène avait quitté Paris, lorsqu'elle se trouva à l'entrée du village de Champigny. On était aux premiers jours de novembre ; la verdure était rare, les arbres à demi dépouillés de leur feuillage ; le temps était sombre et déjà froid. Bien des femmes se seraient demandé ce que pouvait, à cette époque, venir faire à la campagne un homme qui n'allait jamais à la chasse. Mais Hélène s'inquiète fort peu de ce que fait son mari ; si elle veut le voir, c'est qu'elle a besoin d'une somme assez forte pour le voyage qu'elle va entreprendre. Elle compte bien terminer promptement cette affaire, et ne pas faire un long séjour à Champigny.

Une maison élégante et bâtie à l'italienne frappe les regards d'Hélène. Ce doit être là, dit-elle à son cocher ; celui-ci arrête la calèche devant une porte grillée par le haut, et tire avec violence le bouton d'une sonnette.

Une espèce de jardinier paraît ; il semble tout interdit à la vue d'une dame et d'une voiture.

— Ouvrez donc cette grille, dit Hélène. — Mais, madame..., répond le jardinier en balbutiant, M. de Pomponney n'est pas ici... — Pas ici..., où est-il ? — Madame..., je ne sais. — Vous avez l'air de ne point savoir ce que vous devez répondre. Apprenez que vous parlez à l'épouse de votre maître, et que je saurai faire châtier la moindre impertinence. Ouvrez cette grille.

Le jardinier ouvre en tremblant. La calèche entre dans une cour ; Hélène en descend, et dit de nouveau au concierge :

— Répondez, et point de mensonge. Où est M. de Pomponney en ce moment ? — Madame, monsieur est parti ce matin pour Paris, avec son domestique, et il ne doit revenir que tantôt. Je vous jure que c'est la vérité. — C'est bien. J'attendrai son retour.

Hélène se dirige vers un péristyle qui conduit à un élégant corps de logis.

— Pas de ce côté, madame... Je vais vous conduire... dans une autre partie de la maison..., où vous serez mieux pour attendre.

Hélène s'arrête ; l'embarras, le trouble du jardinier lui donnent des soupçons, et, le regardant d'un air sévère, elle lui dit :

— Il y a du monde dans ce pavillon..., du monde que vous craignez que je ne voie... — Ma... madame... — Le mensonge est inutile avec moi... Tenez..., prenez cette bourse, et dites-moi tout.

La bourse contenait de l'or. Le ton d'Hélène annonçait une volonté trop ferme pour essayer de lui résister ; le jardinier prend la bourse et répond :

— Ma foi, madame, je vais tout vous dire... Après tout, puisque vous êtes l'épouse de monsieur..., je dois vous obéir..., et, puis, tenez, j'avoue que ça me fait trop de peine, ce que je vois depuis quelque

temps !... C'est par trop mal, aussi... On peut s'amuser, à la bonne heure! mais avec des personnes qui le veulent ben...; tandis que... Oh ! ça n'est pas ben, ça!...
— Expliquez-vous, dit Hélène ; que se passe-t-il ?
— Madame n'est pas sans savoir que M. de Pomponney vient queuquefois ici... rire un peu... avec des petites femmes... un peu drôles..., qui ont l'air de ne pas demander mieux que de rire...
— Après ! après !... — Eh ben, cette fois, ce n'est pas ça. Il y a quinze jours que le domestique de monsieur a amené ici une jeune fille bien gentille... Oh ! elle est ben gentille ! et qui avait l'air fort triste. J'ai ben vu qu'on faisait accroire à c'te pauvre enfant qu'elle allait trouver ici une dame qui lui donnerait de l'ouvrage ; mais, une fois entrée dans la maison, c'est monsieur qu'elle y a trouvé. Alors elle a voulu s'enfuir, mais on l'a retenue de force..., elle a eu beau pleurer, supplier, on l'a enfermée dans une jolie chambre, qui est là, dans le fond de ce pavillon...

— Quelle infamie !... Et cette pauvre fille est toujours là ?... — Oui, madame. Mais il paraît qu'elle est sage, et que malgré toutes les offres superbes qu'on lui fait, elle ne veut pas céder : et si monsieur est allé à Paris ce matin, j'ai entendu dire que c'était pour y acheter des bijoux..., des colifichets, avec lesquels il espère corrompre cette pauvre enfant...; mais je gage ben qu'il n'en viendra pas à bout. — Ah ! c'est affreux ! Conduisez-moi vite..., que j'aille consoler..., sauver cette jeune fille... — Mais elle est enfermée, madame, et monsieur a emporté la clef... — Eh bien ! on brisera la porte... Prenez un marteau, une pioche..., et marchez devant moi.

Le jardinier obéit. Il entre dans le pavillon, Hélène le suit ; l'indignation a coloré ses joues, il lui tarde de délivrer cette victime de M. de Pomponney. On arrive devant la porte de l'appartement où est enfermée la jeune fille. D'un vigoureux coup de pioche, le jardinier fait tomber la serrure. Un cri se fait entendre dans l'intérieur de l'appartement. Hélène fait signe au domestique de s'éloigner, et elle entre seule ; aussitôt une jeune fille éplorée vient tomber à ses pieds, en s'écriant :

— Madame, je vous en supplie ! sauvez-moi, délivrez-moi..., ne permettez pas que je sois déshonorée !...

Hélène est restée stupéfaite, immobile, elle n'a plus la force de parler ; dans cette jeune fille qui embrasse ses genoux, elle a reconnu Marguerite, et celle-ci, en fixant à son tour ses yeux sur la personne qu'elle implore, semble saisie d'effroi en reconnaissant la cousine d'Alexis.

Enfin Hélène retrouve la force de parler, et, tendant la main à Marguerite, la fait asseoir près d'elle, en lui disant : — Remettez-vous, calmez-vous... Vous n'avez plus rien à craindre... Sans savoir que c'était vous qui étiez ici, je venais vous sauver...; mais je bénis le ciel qui me fait vous retrouver... Je connais l'infâme conduite de M. de Pomponney... Mais... moi aussi j'ai eu bien des torts envers vous...; votre père était innocent, je le sais..., j'en ai la preuve. — Vous avez la preuve de son innocence ! s'écrie Marguerite en pleurant. O mon pauvre père ! et il n'a pas assez vécu pour se voir rendre justice ! — Que dites-vous, Marguerite ?... votre père... — Il est mort, madame..., mort de chagrin..., de douleur... Ce jour où vous vîntes dans notre maison, il vous entendit le nommer un..., le soir même il voulut partir, aller se cacher dans une campagne ! Nous vînmes loger dans ce village... et, au bout d'un mois... je perdis mon père..., il expira dans mes bras !... Et moi..., seule avec ma douleur, je n'avais d'autre plaisir que d'aller chaque matin porter des fleurs sur la tombe de mon père... ; c'est en allant remplir ce pieux devoir que sans doute j'eus le malheur d'être rencontrée..., reconnue par M. de Pomponney... Et un matin on m'envoya un valet. Il me dit qu'une dame qui habitait cette maison s'intéressait à mon sort, et voulait me donner de l'ouvrage ; je vins ici sans défiance..., et maintenant vous savez tout, madame.

Hélène n'a point cessé de verser des larmes pendant le récit de Marguerite, et lorsque celle-ci a cessé de parler, elle lui prend la main qu'elle porte sur son cœur, en lui disant :

— J'ai causé la mort de votre père, Marguerite, pourrez-vous jamais me le pardonner ?...

— Oui, madame, car vous pleurez..., et vous m'avez dit qu'il était innocent.

— Ah ! Marguerite, c'est à moi maintenant de réparer tout le mal que j'ai fait en assurant votre bonheur... Oui, pour cela aucun sacrifice ne doit plus me coûter.

Hélène se place à un bureau, et écrit ces mots à Alexis :

« Venez, Alexis, venez sur-le-champ... ; que votre ami Durozel vous
» accompagne. Marguerite est près de moi ; et si je fus cause de votre
» dernière séparation, cette fois, du moins, j'espère vous réunir pour
» toujours. »

Cette lettre est envoyée à Paris avec la calèche qui doit ramener à Champigny les personnes que l'on attend ; le cocher a ordre de brûler le pavé : il exécute ponctuellement sa mission. Trois heures ne se sont pas écoulées depuis son départ, lorsque la calèche rentre dans le village, amenant Alexis et Durozel.

Alexis saute en bas de la voiture, se précipite dans l'appartement, et ne peut croire à son bonheur, en apercevant celle qu'il aime près d'Hélène, et celle-ci qui, les yeux humides de pleurs, met la main de Marguerite dans celle de son amant, en lui disant : — Soyez heureux... et pardonnez-moi !

Durozel demande des explications, et Hélène vient d'achever de l'instruire de tout ce qui s'est passé, lorsque le jardinier arrive, pâle et tremblant, annoncer que M. de Pomponney descend de cabriolet devant sa maison.

— C'est bien, dit Hélène, évitez-le, ne vous montrez pas, et probablement il va s'empresser de venir rendre visite à sa prisonnière.

Le jardinier ne demande pas mieux que de ne point affronter la présence de son maître ; il s'enfuit, et, au bout d'un moment, les quatre personnes réunies dans l'appartement qu'habitait Marguerite, entendent le pas lourd et lent de M. de Pomponney, qui murmure en marchant :

— Qu'est-ce que cela signifie ?... Ce coquin de jardinier n'y est pas..., et la grille est ouverte... Voilà une maison bien gardée... Je chasserai ce drôle-là... Et la serrure de cette porte brisée : voilà bien autre chose !

En achevant ces mots, M. de Pomponney entre dans la chambre ; il devient vert, pourpre et tremblant comme la feuille en apercevant, près de Marguerite, sa femme, Alexis et Durozel.

— Monsieur, dit Hélène en allant vers son époux, je n'ai pas besoin de vous dire que je connais toute la bassesse, toute l'infamie de votre conduite... Je veux bien ne pas porter plainte devant les tribunaux, et me contenter de vivre loin de vous ; mais c'est à condition que vous réparerez autant que vous le pouvez le mal que vous avez fait à cette jeune fille. Son père fut accusé d'un crime qu'il n'avait pas commis, il faut l'aider à faire réhabiliter sa mémoire ; et comme la justice ne s'obtient que sans de fortes dépenses, vous allez signer sur-le-champ à Mlle Marguerite Meynaud une reconnaissance de cent mille francs.

M. de Pomponney fait un mouvement, mais un regard de sa femme le terrifie ; il écrit ce qu'on lui demande. Cependant Alexis s'approche de sa cousine, en s'écriant :

— J'aime mademoiselle, elle sera ma femme, quel que soit désormais le jugement des hommes. A quoi bon cette somme immense dont vous voulez l'enrichir ?

— Alexis, répond Hélène en prenant la reconnaissance que son mari vient de signer, si vous refusez..., si Marguerite repousse cette dot que je lui donne, je croirai que tous deux vous n'avez pas cessé de me haïr.

Des larmes coulaient des yeux d'Hélène ; Marguerite se jette dans ses bras, et Alexis ne se sent plus la force de résister aux prières de sa cousine.

Quelques instants après, la calèche ramenait à Paris les deux amants, Hélène et Durozel. Quant à M. de Pomponney, on pense bien qu'il ne les avait pas accompagnés.

Hélène installe elle-même Marguerite dans un joli logement, décent et convenable ; elle place près d'elle une femme de confiance, et là, la fille de l'infortuné Meynaud doit attendre que le temps de son deuil soit expiré, et qu'elle puisse devenir l'épouse d'Alexis.

Marguerite peut à peine croire à son bonheur ; souvent il lui semble que sa nouvelle situation est un rêve, et, en regardant Alexis, elle lui dit :

— Est-il bien vrai !... je serai votre épouse, vous ne craindrez pas de me donner votre nom ! — Je dois m'en faire gloire, au contraire, répond Alexis en couvrant de baisers la main de son amie. On ne saurait trop vous honorer pour vous dédommager de ce que vous avez souffert.

— Il vous rendra heureuse, dit Durozel à la jolie fille, car il ne sait pas aimer à demi !

— Et nous irons à la noce, dit Frison, et j'aurai très-bon genre..., je tâcherai, du moins.

Ce n'est qu'après avoir assuré la paix et l'avenir de Marguerite, qu'Hélène se décide à quitter la France pour quelque temps. Elle fit adieu à la jeune fille, en lui demandant de nouveau l'oubli du mal qu'elle lui a fait, et presse doucement la main d'Alexis, en murmurant à son oreille : Ai-je mérité mon pardon ?

Alexis ne peut répondre qu'en pressant tendrement la main de sa cousine ; Hélène éprouve alors un dernier sentiment de bonheur, mais elle se hâte de s'éloigner. On peut avoir assez de force pour assurer la félicité de ceux que l'on aime en les unissant à l'objet qu'ils nous préfèrent, mais on a rarement assez de courage pour en être le témoin.

LE PARTERRE D'UN THÉATRE,

ESQUISSE DE MOEURS DRAMATIQUES, PAR PAUL DE KOCK.

Choisissez le théâtre qui vous sera le plus agréable, mais cependant ne prenez pas un parterre dans lequel les femmes sont admises ; ceux-là ne vous conviennent pas ; François 1ᵉʳ a dit qu'une cour sans femmes était un printemps sans roses : mais en vérité ces roses-là sont fort mal placées dans le parterre d'un théâtre, et d'ailleurs si toutes les femmes sont des fleurs, comme je me plais à le croire, ce ne sont pas ordinairement les plus fraîches et les plus suaves qui vont au spectacle au parterre.

Nous avons donc un parterre d'hommes ; nous le prendrons au commencement du spectacle, avant qu'il ne soit entièrement plein. Du reste, nous avons des parterres qui ne le sont jamais, même lorsque le spectacle est avancé ; il y en a d'autres qui ne sont bien garnis que les jours de premières représentations. Ces jours-là, comme s'ils voulaient se dédommager de leur solitude habituelle, ils sont bourrés comme des omnibus par un temps de pluie ; on met dedans plus de monde qu'il n'en peut ou du moins qu'il n'en devrait tenir ; bien entendu que ceux qui seront au milieu de cette foule n'auront besoin ni de se moucher, ni de prendre leur tabatière dans leur poche, c'est un exercice qui leur est défendu, à moins d'être un Hercule du Nord, un Alcide de... n'importe où, et de pouvoir avec des bras de fer, dompter et contenir les mouvements de ses voisins.

Quand vous êtes entré dans un parterre où la foule est compacte, où les portes sont encombrées, où toutes les issues sont parfaitement bouchées, vous devez vous résoudre à n'en plus sortir, malgré l'envie pressante que vous pourriez en avoir ; si cependant vous ne pouvez résister au désir de prendre l'air, de respirer un moment dans une atmosphère moins épaisse, alors, pour rentrer à votre place, pour rentrer dans ce fortuné parterre, séjour des élus et des *romains*, il faut vous attendre à faire la petite partie de boxe avec les personnes entassées à la porte... Ce n'est pas toujours agréable, surtout si vous n'êtes pas d'une certaine force à ce jeu-là ; enfin, ce sont quelques coups de poing que cela vous coûtera. Désaugiers vous aurait dit :

Une vestale vaut bien ça.

Mais la pièce que l'on donnera ne les vaut peut-être pas. N'importe ; vous avez combattu, vous avez à peu près vaincu, c'est-à-dire que vous vous êtes fait jour entre plusieurs personnes qui ne voulaient pas se déranger ; ensuite, pour se débarrasser de vous plus promptement, on vous aide à entrer ; ce qui signifie que l'on vous pousse en avant ; vous tombez sur plusieurs têtes dont vous vous servez comme de point d'appui pour regagner votre banquette. Après avoir nagé ainsi pendant quelque temps sur ces flots vivants, qui ne sont pas enchantés de vous soutenir, vous parvenez à regagner votre place... que l'on a prise pendant votre absence. Mais vous reconnaissez un voisin et vous dites : — J'étais là !

L'intrus qui est venu se mettre à la place que vous occupiez ne vous répond pas, et a l'air de lorgner quelqu'un à la galerie. Vous vous impatientez, vous poussez ce monsieur, en répétant : J'étais là. Alors il se retourne et vous dit :

— Qu'est-ce qui me prouve que c'était votre place ?... Aviez-vous laissé un gant... votre mouchoir ?

— Je n'avais rien laissé, parce qu'on ne retrouve pas toujours ce qu'on laisse dans un parterre ; mais voilà monsieur qui vous dira que j'étais à côté de lui.

Celui dont on invoque le témoignage est un de ces personnages qui craignent toujours de se compromettre en prenant parti pour quelqu'un. Il répond, en se grattant le nez : — Ah ! ma foi, c'est possible... Mais quand il y a tant de monde, on ne peut pas remarquer toutes les personnes qui vous entourent. Tout cela ne vous satisfait pas, vous tenez bon et vous repoussez votre usurpateur, en vous écriant : — Je veux ma place !

L'usurpateur ne cède pas ; en général, les gens qui se mettent à la place d'un autre n'ont pas pour habitude de la lui restituer ; avant de se rendre coupable d'une action aussi hardie, ils en ont mesuré, calculé toutes les conséquences, tous les dangers, et ils sont décidés à les affronter. Ils se rappellent que le *succès justifie tout,* maxime qui n'est pas neuve, mais qui est désolante pour ceux qui sont *usurpés.*

Ces messieurs s'échauffent, des mots piquants sont échangés ; la querelle va devenir sérieuse, déjà on a entendu murmurer ces phrases : « Je suis Français... vous êtes Français !... ça ne peut pas s'arranger. » Mais les voisins, qui aiment mieux voir la pièce nouvelle que d'avoir à entendre une querelle, se serrent un peu de chaque côté, de façon à ce que ces deux messieurs puissent s'asseoir, alors chacun ayant une place, le motif de la dispute n'existe plus ; on se calme, on s'apaise, et ce petit incident est bien vite oublié, d'autant plus qu'il est très-commun dans le parterre d'un théâtre.

Il y a quelques parterres qui sont toujours pleins, même lorsqu'on ne joue pas une pièce nouvelle ; ceux-là sont les heureux du siècle, et en général on remarque qu'ils sont les moins méchants. Pourquoi ? cela me semble assez facile à expliquer. Les théâtres où il y a toujours beaucoup de monde doivent être nécessairement ceux où le monde s'amuse le plus ; or peut-on être méchant quand on est heureux (et l'on est très-heureux quand on s'amuse) ? Encore une maxime qui n'est pas neuve... mais celle-ci est consolante.

C'est une singulière chose qu'un parterre de théâtre ; pour celui qui pourrait observer, écouter, que d'études à faire, combien de types sont cachés là, assis modestement dans la foule ; que de gens d'esprit, d'originaux, de sots, de nullités, et si l'on pouvait lire dans la pensée de tous ces hommes jeunes, vieux, riches, pauvres, tristes, gais, malheureux, contents, honnêtes, intrigants, que le hasard vient de rassembler là, combien ne serait-on pas surpris parfois de voir à côté l'une de l'autre deux personnes si peu faites pour se trouver réunies !

Mais le hasard qui vient de vous placer à côté de quelqu'un avec qui, durant la soirée, vous avez échangé quelques mots, ne se renouvellera peut-être jamais. Vous ne rencontrerez plus cette personne avec qui vous avez causé pendant quelques heures et dont les remarques, les réflexions piquantes vous ont fait oublier la longueur des entr'actes. Vous regrettez de ne point savoir quel était ce monsieur ; vous seriez charmé de le retrouver encore..... Vous espérez que le hasard vous replacera près de lui. Mais, non. Vous allez presque tous les soirs au spectacle, ce monsieur y va tout aussi souvent de son côté, et cependant vous ne vous rencontrerez plus.

Mais en revanche, vous ne pouvez entrer dans le parterre d'un théâtre sans qu'un individu ennuyeux, remuant, insupportable par son bavardage, et dont vous avez eu déjà le malheur d'être le voisin, vienne se placer encore près de vous. C'est le hasard qui le veut ainsi, et il ne nous est pas toujours favorable.

Vous croyez peut-être que le même motif a conduit dans cette salle tous les hommes que vous voyez rassemblés dans le parterre ; qu'ils sont venus parce que le spectacle annoncé leur promettait une soirée agréable ? Détrompez-vous ! parmi ces personnes qui sont, en effet, attirées par les pièces que l'on joue, combien d'autres se trouvent là par un tout autre motif !

Ainsi, ce monsieur que vous voyez là-bas dans le coin... avait un rendez-vous à côté pour un ami pour causer d'un placement de fonds ; c'est pour lui une affaire importante, mais son ami n'est pas venu au rendez-vous. Après avoir attendu longtemps, ce monsieur a dîné dans ce quartier, parce qu'il était trop tard pour rentrer chez lui ; puis, se trouvant près du théâtre, il y est entré pour se distraire, et sans savoir même ce que l'on jouait. Mais au lieu d'écouter la pièce, il pense toujours à ses affaires, à son placement de fonds ; et après le spectacle, je crois qu'il serait bien embarrassé pour vous dire ce qu'on a joué.

Cet autre a dîné chez un traiteur avec un ami ; ces messieurs se sont mis en gaieté, ils se sont donné une petite pointe et ils se sont dit ensuite : « Allons au spectacle. » Pendant que l'on joue, ils parlent sans cesse, ils rient, ils toussent, ils crachent, ils ont trop chaud, ils ne sont pas une minute sans se remuer, ils ne sont pas en état de comprendre la pièce, mais ils s'écrient de temps à autre :

— Mon Dieu ! que c'est mauvais !

Demandez-leur ensuite ce qu'ils ont vu, ce qu'on a joué, et ils seront aussi embarrassés que le monsieur au placement.

Voici un spectateur qui paraît bien attentif, qui semble ne point perdre un mot de la pièce. C'est un homme d'une trentaine d'années, fort bien mis, assez joli garçon, mais dont la figure est sérieuse et même sévère. Vous croyez que celui-là serait en état de faire le soir une critique raisonnée de l'ouvrage que l'on joue en ce moment... Vous n'y êtes pas.

Ce monsieur est marié ; il a une femme qui est jolie et coquette. Il est bien rare que l'un aille sans l'autre, cependant nous voyons des femmes laides qui sont coquettes aussi. Ce monsieur est jaloux, c'est un malheur, c'est plus qu'un malheur, c'est une maladie ; c'est plus qu'une maladie, c'est une infirmité. Quand on est jaloux, on est donc malheureux et infirme, et quelquefois on est encore autre chose. Le mari jaloux est rentré chez lui plus tôt qu'à son ordinaire. Ceci est une faute ; quand vous êtes en ménage, il ne faut rien changer à vos habitudes, les dames aiment beaucoup cela.

Ce monsieur est donc rentré trop tôt ; il a trouvé chez lui, avec sa femme, un de ses amis qui, depuis quelque temps, a pour lui une recrudescence d'amitié extraordinaire, mais qui pourtant trouve moyen de ne lui rendre visite que lorsqu'il est absent. A son arrivée l'ami a paru un peu embarrassé ; la femme s'est troublée et il y avait une chaise bien près d'une causeuse. Ce monsieur n'a rien laissé paraître, mais il a des soupçons ; il n'a rien dit à sa femme, mais il lui a fait une moue très-prononcée ; enfin, il est sorti le soir, poursuivi par ces malheureuses idées, qui reviennent toujours à l'esprit d'un jaloux. Il est entré au spectacle dans l'espérance d'y oublier ses ennuis ; vous croiriez qu'il écoute attentivement la pièce, et il n'entend pas un mot de ce que disent les acteurs ; il pense continuellement à cette chaise qui était si près de la causeuse. Puis il se dit : Certainement je me tourmente mal à propos, ma femme a bien le droit de s'asseoir sur la causeuse... et mon ami sur une chaise... Cela vaut encore mieux que s'ils avaient été tous deux sur la causeuse ! Et puis ma femme est incapable... j'ai tort...

Pauvre mari et dans ces pièces que l'on joue il n'a entendu que : « femme, époux, amant ! » Ces mots-là lui tintent continuellement aux oreilles.

Ce jeune homme, qui a sans cesse le nez en l'air et regarde dans la salle au lieu de regarder sur la scène, cherche une dame qui lui a fait espérer qu'elle serait au spectacle ; il la cherche de tous côtés ; ses yeux ont parcouru chaque loge, chaque rang de galerie, et il ne la voit pas ; le pauvre jeune homme est désolé, c'est pour voir cette dame qu'il est venu à ce théâtre ; que lui importent à lui les pièces, l'esprit de l'auteur et le talent des acteurs ; il est amoureux !... Pendant que l'on joue il se demande quel obstacle a pu empêcher cette dame de tenir sa promesse, et il pousse de gros soupirs dans les moments les plus gais de la pièce.

Plus loin, un autre jeune homme est amoureux aussi, mais c'est d'une actrice de ce théâtre, qui joue dans la pièce que l'on donne, qui est en scène en ce moment ; aussi voyez quel feu brille dans les regards de ce monsieur, comme il s'agite à sa place ; on croirait qu'il va s'élancer sur la scène ; il rit, il parle tout seul, puis il regarde quelquefois autour de lui comme pour chercher des visages qui partagent son enthousiasme ; il s'adresse à tout le monde, et s'écriant : « Comme c'est bien joué !... comme elle a dit cela ! Elle est charmante... elle est ravissante... c'est la meilleure actrice de Paris ! ...

Mais comme il rencontre fort peu de gens de son avis, et tâche de concentrer son admiration, et tant que l'actrice est en scène, il ne la perd plus de vue. Mais à peine est-elle rentrée dans la coulisse, qu'il s'adresse de nouveau à un voisin, en lui disant :
— On vient de renouveler son engagement pour trois ans.... sans quoi Bordeaux nous l'enlevait.

Le voisin hausse les épaules et se contente de murmurer entre ses dents : — Qu'est-ce que ça me fait à moi ?... Bordeaux peut bien nous l'enlever tant qu'il voudra, je n'y tiens pas ! Qu'est-ce qu'il a donc ce monsieur?

Un peu plus loin vous apercevez un personnage entre deux âges, mis avec une prétention ridicule ; un cadenis montre le nœud de sa cravate, une perruque ébouriffante, une lorgnette qui pourrait servir de télescope, des gants serins et une fine figure qui s'harmonise parfaitement avec les gants. Celui-là a soin de se placer toujours contre l'orchestre ; dans chaque entr'acte il s'adosse sur la séparation, tournant le dos à la scène et lorgnant toutes les dames, leur faisant des mines, des œillades, quelquefois même se permettant de leur sourire d'un air d'intelligence, cela procure un manège fort divertissant pour les spectateurs, s'amusant à faire ses réflexions tout haut.
— Voilà une brune là-bas qui serait bien, si elle avait des dents ; mais elle n'en a pas, c'est dommage. Ne riez pas, madame, je vous en prie, afin que l'on puisse croire que vous avez des dents. Ah ! cette petite blonde, à la galerie, fait bien voir ses épaules... Elle croit donc les avoir belles... On pourrait suivre là-dessus un cours d'ostéologie... J'aime mieux autre chose. Voyons dans cette baignoire... Un petit bonnet qui est assez piquant... le bonnet seulement ; quant à la tête qui est dedans... hum !... je crois qu'elle a bien fait de se mettre à l'ombre.

Et ce monsieur, si difficile en apparence, a les poches remplies de petits billets doux, espèce de circulaire qu'il glissera à la sortie du spectacle, à toutes les femmes qu'il vient de critiquer, espérant que, dans le nombre, il y aura une de ces déclarations qui obtiendra une réponse. C'est dans ce but seul que ce monsieur va au spectacle ; il veut absolument être un homme à bonnes fortunes ; il prétend que ses moyens le lui permettent.

Mais voici un nouveau personnage qui pénètre dans ce parterre ; c'est un homme d'une quarantaine d'années qui paraît plus que son âge, grâce à une figure moutonne, flanquée de deux gros yeux bien ronds, qui ont une expression de bêtise très-prononcée, et à des cheveux presque crépus qui s'avancent fort près des sourcils ; joignez à cela un nez en limace, une cravate qui a l'air de l'étrangler, et un col qui lui monte jusqu'au milieu des oreilles, et vous aurez une idée de ce monsieur.

Le voilà qui enjambe une banquette... puis une autre... Il a l'air fort embarrassé pour trouver une place, et il y en a partout. Il s'assoit, enfin ; mais il y a devant lui un homme très-gros qui le gêne ; il se relève et va se mettre autre part. Il s'aperçoit que le manche de la contrebasse est vis-à-vis de lui, il change encore de place. Enfin le voilà qui se trouve bien. Il sourit, il regarde ses voisins, il ôte son chapeau, il prend son mouchoir, il remet son chapeau sur sa tête, il se mouche, il prend sa tabatière, il regarde encore autour de lui. Il a grande envie de faire la conversation avec quelqu'un. Il se décide pour son voisin de gauche, jeune homme de vingt ans tout au plus, et lui présente sa tabatière d'un air timide en lui disant : — En usez-vous?

Le jeune homme le regarde d'un air moqueur, se met à rire et répond :
— Par exemple ! le plus souvent... Du tabac à fumer, à la bonne heure. On ne fume pas encore dans les théâtres, mais ça viendra... Il faut que ça vienne... Le siècle des lumières veut cela... Ah ! quel plaisir, quand on écoutera une pièce en fumant !... quand on respirera une bouffée odorante, en lorgnant une jolie actrice !... C'est alors qu'on s'amusera au spectacle... et qu'ils seront toujours pleins !
— Ils seront pleins de fumée,... c'est juste... Mais les dames... croyez-vous qu'elles s'accommoderont de cette odeur de tabac ?
— Oh ! que oui !... et d'ailleurs elles fumeront aussi.
— Oh ! oh ! c'est différent... Monsieur, la pièce qu'on va jouer est-elle commencée?

Le jeune homme regarde son interlocuteur d'un air goguenard, en lui répondant : — Si elle n'est pas jouée, j'ai dans l'idée qu'elle n'est pas commencée.
— C'est que nous en avons entendu beaucoup parler... mon épouse et moi, et comme mon épouse a beaucoup d'esprit, elle ne peut pas souffrir les pièces mauvaises ; alors elle m'envoie d'abord les voir pour que je me forme une opinion... Elle m'a dit : Va voir cette pièce... tu te formeras une opinion, et tu me la rapporteras. — La pièce? — Non, mon opinion. La connaissez-vous ? — Votre opinion ? — Non, la pièce.

Le jeune homme se met à rire en murmurant : — Ah çà, dites donc, est-ce que ça ne va pas finir ? Puis il se lève et tourne le dos à ce monsieur, qui se dit : « Apparemment qu'il n'a pas vu la pièce non plus... alors il ne peut pas encore me dire son opinion.

On frappe les trois coups ; l'orchestre joue l'ouverture, la toile se lève. La pièce commence. Ce monsieur qui a un col au-dessus des oreilles, écoute avec la plus grande attention, en roulant ses gros yeux comme pour tâcher de mieux comprendre.

Au milieu de l'acte, il s'adresse à un gros monsieur qui est à sa droite, en lui disant : « Trouvez-vous que ça marche ?... c'est que ma femme m'a envoyé pour que je me forme une opinion sur cette pièce... et quand les acteurs ont des costumes turcs, je trouve que c'est bien plus difficile à comprendre... et vous ?...
— Ah ! fichtre, monsieur, taisez-vous donc et laissez-moi écouter ! répond le gros monsieur en faisant un geste d'impatience. » Notre homme n'ose plus rien dire. Il écoute en silence, et se contente de farfouiller dans sa tabatière, où il cherche peut-être une opinion.

Après le premier acte, il veut de nouveau parler au jeune homme de gauche, mais celui-ci lui tourne le dos en riant dès qu'il lui adresse la parole. Il s'adresse alors à un petit monsieur maigre, sec, jaune, et portant des besicles bleues, qui est devant lui. Il lui présente sa tabatière ; cette fois son offre est acceptée. L'homme aux besicles y plonge ses doigts, se bourre le nez, éternue, crache, tousse, fredonne dans ses dents quelque chose qui voudrait ressembler à di tanti palpiti, et pendant ce temps notre monsieur a eu le temps de lui dire :— Etes-vous content de l'acte qu'on vient de jouer ?... C'est que je voudrais bien me former une opinion... parce que ma femme va me la demander quand je rentrerai.

Le monsieur aux besicles prend un air important et répond :
— Ma foi, je viens bien rarement à ces théâtres-ci... J'ai un grand hasard de m'y voir. Parlez-moi des Bouffes, monsieur ; ah ! parlez-moi des Bouffes, à la bonne heure... Depuis vingt ans, je n'ai pas manqué une de leurs représentations... Voilà un théâtre... de la musique, des chanteurs... Avez-vous entendu la Pasta ?
— Monsieur, pardon... c'est que je vous demandais votre idée... sur ce qu'on vient de jouer... c'était afin de pouvoir......
— Ah ! la Pasta ! monsieur, la Pasta !... quelle voix !... quel timbre !
— Alors vous ne voulez pas me dire ce que vous pensez du premier acte de la pièce que...
— Et la Malibran ! monsieur, la Malibran ! C'est à force de l'admirer que je me suis perdu la vue... O diva ! diva!

Notre monsieur cherche des yeux s'il ne pourrait pas offrir du tabac à une autre personne. Mais on commence le second acte. Il reste quelque temps tranquille et écoute. Enfin, ayant remarqué la figure pleine de bonhomie d'un vieux monsieur assis derrière lui, il se retourne et lui dit tout doucement : — Est-ce que vous êtes content ?... C'est que ma femme veut que je me forme une opinion sur cette pièce... et quand il y a des Turcs, ça m'embrouille.

Le vieux monsieur sourit, et répond en bégayant :

— Il faut voi... voi... il faut voi... voi... voir la su... su... la suite...a... attend... attendons.

Notre pauvre mari pousse un gros soupir en se disant: Ce vieux monsieur-là ne pourra jamais achever de me faire connaître son opinion... J'ai du malheur !... c'est le seul qui avait l'air disposé à causer.

Enfin la pièce est terminée. Notre homme écoute alors de toutes ses oreilles, car chacun dit tout haut son opinion.

— C'est cha... cha... armant ! s'écrie le vieux monsieur bègue.

— C'est pitoyable! dit le monsieur aux besicles.
— C'est plein d'esprit ! murmure le gros monsieur de droite.
— C'est terriblement bête ! s'écrie le jeune homme de gauche.

Alors notre pauvre monsieur qui a écouté ces différents jugements s'en retourne chez lui en se disant :

Qu'est-ce que je vais donc dire en rentrant à ma femme... quand elle me demandera mon opinion?... Ma foi, elle n'en voulait qu'une et je lui en rapporterai quatre ! elle choisira là dedans.

LES LOGES ET LES GALERIES,

PAR LE MÊME.

Nous avons esquissé le parterre d'une salle de spectacle, où nous n'avons fait qu'un court séjour ; nous aurions pu y trouver un plus grand nombre de personnages dignes de notre attention, en général les originaux ne manquent pas, il ne s'agit que de les chercher. Nous avons passé rapidement sur les discussions, les querelles, les orages dont le parterre est souvent le théâtre, mais nous vous avons annoncé des esquisses et non pas des tableaux, et puis vous savez qu'une pochade faite en quelques coups de pinceaux est souvent plus ressemblante qu'un portrait pour lequel on a pris plusieurs séances.

Montons à la première galerie : ici nous trouverons des femmes ; cela devient plus intéressant. Les femmes ont l'heureux privilège d'embellir tous les séjours qu'elles adoptent. Celles qui sont jolies n'ont qu'à se faire voir ; celles qui ne sont pas jolies rachètent ordinairement par une toilette élégante, de bon goût, quelquefois par une tournure gracieuse ce qui leur manque en beauté ; celles qui ne peuvent pas être élégantes, trouvent encore le moyen d'être gentilles par la manière piquante dont elles posent sur leur tête le bonnet le plus simple, ou le chapeau le plus modeste ; d'autres séduisent par un air spirituel ou par leur coup d'œil mutin ou par leur façon de rire qui attire sur-le-champ l'attention...; je n'en finirais pas si je vous disais tout ce que ces dames savent faire pour captiver les regards.

Quand un théâtre est adopté par les femmes, il est toujours très-suivi par les hommes. Ceci est trop naturel pour avoir besoin d'explications.

En effet, combien de connaissances, de liaisons, d'intrigues, se sont formées au spectacle. Et ne croyez pas que ces liaisons soient toujours éphémères ; que ces intrigues auxquelles un regard a donné naissance se dénouent toutes aussi vite qu'elles ont été formées ; non vraiment ! le hasard vous fait quelquefois rencontrer dans un spectacle une personne à laquelle vous vous attacherez pour la vie, ou du moins dont la connaissance doit exercer une grande influence sur toute votre existence. Mais est-ce bien le hasard qui fait cela ? tout l'avenir de deux personnes dépend-il souvent du caprice d'une ouvreuse de loges... ou de la bonne volonté d'un contrôleur ? ne devons-nous pas penser plutôt que la destinée de ces deux personnes était tracée, et que ce n'est pas seulement parce qu'on donnait ce jour-là *la Sœur de Jocrisse* ou bien *l'Enlèvement des Sabines* que ce monsieur aura fait la connaissance d'une femme charmante pour laquelle il se sera complètement ruiné, ou que cette jeune fille aura rencontré un mari qui aura fait son bonheur ?

Dans une galerie il y a ordinairement plus de femmes que d'hommes, et cependant, ce n'est jamais de là que part le bruit quand il y en a dans un théâtre ; rendons en passant justice à ces dames ; on leur a fait une réputation de bavardage que souvent elles sont loin de mériter. Dans une salle de spectacle remarquez que ce sont toujours les hommes qui font du bruit, qui parlent sans cesse et très-haut, qui sortent dans chaque entr'acte, qui font des réflexions saugrenues, troublent parfois la représentation d'un ouvrage : il y en a même qui poussent cela si loin, qui crient si fort et ne veulent pas se taire malgré les *chut* répétés de leurs voisins qu'on est obligé de les mettre à la porte.

Mais voyez ces dames, comme elles sont sages..., tranquilles : si elles causent, c'est bien bas, et de façon à ne pas être entendues ; si elles ont ri un peu fort et que cela ait attiré quelques regards sur elles, vous les voyez rougir, se retirer dans le fond de leur loge ou baisser la tête pour que leur embarras soit caché par la passe de leur capote. Avez-vous jamais vu mettre une femme à la porte d'un spectacle? oh ! fi donc !... jamais !... décidément, messieurs, vous devriez bien prendre exemple sur ces dames.

Il y a cependant des hommes aux galeries. Les uns ont accompagné des dames ; quelques autres sont seuls, qui sont venus se placer là avec le désir de faire une petite... ou une grande connaissance. Ceux-là ne choisiront pas pour voisine une femme laide ou vieille, ils tâchent toujours de se placer près d'un joli minois, près d'une figure agaçante et coquette : en cela ils font preuve de goût, et nous ne saurions les blâmer.

Allons, messieurs, faites les beaux, les lions, les Don Juan, lancez des regards aussi séduisants que possible, fredonnez, si vous avez une jolie voix, faites sur la pièce quelques réflexions spirituelles, si vous avez de l'esprit; soyez galants, si l'occasion s'en présente, essayez d'entamer la conversation si l'on veut bien vous répondre, et soyez aimables si vous le pouvez. Tout cela vous est permis, et tant que vous ne sortirez pas des bornes de la décence et de la politesse on ne pourra pas trouver mauvais que vous vous enflammiez pour toutes les jolies femmes que vous rencontrez au spectacle.

Mais de grâce, n'imitez pas ces messieurs qui vont se placer derrière ou à côté d'une dame, puis l'obsèdent de leurs coups de genoux et se permettent de glisser leur main dans l'ombre, chercher à la pincer n'importe où... en s'appuyant sur n'importe quoi. Une telle façon de faire sa cour à une dame est aussi honteuse pour celui qui l'emploie qu'outrageante pour la personne à laquelle elle s'adresse. D'où donc sortez-vous, monsieur? où vivez-vous habituellement ? si vous vous conduisez ainsi avec un sexe que vous êtes appelé à défendre et à protéger, vous ne comprenez donc pas tout ce que votre conduite a d'ignoble, vous ne voyez pas que vous vous mettez au niveau de la brute, et dans ce moment, vous ressemblez parfaitement à ces chiens que nous voyons dans les rues courir après une pauvre petite levrette et entamant la conversation... comme vous savez.

Et ces pauvres femmes, venues en galerie dans l'espérance de s'amuser, quelle agréable soirée elles vont passer ! les voyez-vous indignées, mais tremblantes, ne sachant comment faire pour repousser des attaques qui les font rougir ? Si elles n'ont pas d'homme avec elles, qui les protégera contre l'insolence de ce monsieur? et si elles sont avec leur mari, avec leur père, trop souvent la crainte de faire naître une querelle leur ferme la bouche et les empêche de se plaindre.

Quelques dames pourtant montrent beaucoup de courage ou de présence d'esprit. Une jolie femme placée, un soir, au balcon d'un théâtre avec une de ses amies, était obsédée par un monsieur assis derrière elle et qui croyait sans doute que ses deux genoux devaient former un fauteuil fort agréable. La jolie femme attendit que la pièce fût commencée et alors se levant brusquement et parlant assez haut pour être entendue d'une grande partie de la salle, elle prit les deux genoux de ce monsieur qu'elle rejeta très-vivement en arrière, en s'écriant :

—Je vous suis très-obligée, monsieur; mais je ne veux pas que vous me serviez de fauteuil, je préfère la banquette à vos genoux.

Vous jugez qui fut penaud et interdit, car tout le monde applaudissant à la sortie de la jolie dame, le monsieur eut à essuyer les regards de toute la salle et les quolibets que les personnes placées près de lui ne manquèrent pas de débiter sur cette manière de faire des stalles. L'acte achevé, ce monsieur disparut *honteux et confus !* je ne sais pas s'il jura qu'on ne l'y prendrait plus, mais il ne revint pas à sa place.

Une autre fois, une dame recevait aussi une déclaration d'amour en action et elle était d'autant plus à plaindre, qu'ayant son mari à sa gauche elle n'osait pas laisser voir tout ce qu'elle souffrait ; car elle connaissait assez son époux pour être certaine qu'en sachant comment se conduisait le monsieur son voisin, il commencerait d'abord par lui donner une paire de soufflets. Enfin l'indignation inspira cette dame. Tout à coup elle sortit, en disant à son mari :

« Reste là..., je reviens tout de suite, je n'ai pas besoin de toi. » Puis descendant au contrôle, cette dame demanda l'officier de paix et lui conta les impertinences auxquelles elle était en butte. On s'empressa de monter avec cette dame, l'officier de paix la pria avant de retourner à sa place de lui désigner l'individu dont elle avait à se plaindre, elle le fit et revint s'asseoir près de son mari sans laisser rien paraître. Au bout d'un moment on alla très-poliment prier le monsieur de sortir et on ne le laissa plus rentrer.

Voilà deux bons exemples, mesdames, mettez-les à profit. Ne soyez point trop sévères, trop prudes, pour les hommes qui cherchent à vous plaire ; mais soyez sans pitié pour ceux qui vous manquent de respect.

Et maintenant laissons ces réflexions et voyons ce qui se passe à cette première galerie.

Trois dames ensemble ; c'est une mère et ses deux filles. Jeunes personnes de seize à dix-huit ans. Toutes deux charmantes, toutes deux ayant de ces profils que vous ne trouvez que dans les vierges de Raphaël, mais que vous rêvez quelquefois.

La plus jeune n'a des yeux et des oreilles que pour ce qui se passe sur la scène, elle est si heureuse d'être au spectacle !... elle ne perd pas un mot de la pièce ; si la situation devient triste, vous le devinerez rien qu'à l'expression de son visage, parfois même ses yeux se remplissent de larmes, mais elle pleure sans s'en apercevoir, tant elle s'identifie avec les personnages.

L'aînée a les yeux parfaitement secs, mais extrêmement brillants, elle n'est pas deux minutes sans tourner la tête, sans regarder au parterre ou dans les loges. Elle sait qu'elle est bien, elle devine que toutes les lorgnettes doivent être braquées sur elle, aussi ne sait-elle quelle mine faire pour paraître encore plus jolie, tout cela l'occupe trop pour qu'elle soit bien au courant de la pièce.

Un jeune homme dit à un de ses amis, en examinant les deux sœurs : « Si j'avais le choix, je prendrais la plus jeune pour ma femme, et l'aînée pour ma maîtresse. » Passons !

Un monsieur et une dame ; le monsieur a quarante ans, une assez belle figure, mais une physionomie ennuyée. Il lit le *Moniteur des Théâtres* et lorgne de temps en temps dans les loges ; il comprime ensuite une envie de bâiller qui lui revient fréquemment.

La dame a trente-six ans, et de ces figures insignifiantes qui ne disent rien ; elle est fort bien mise, mais il n'y a aucun charme, ni dans sa toilette, ni dans son maintien, ni dans sa physionomie : on comprend que ce monsieur ait envie de bâiller.

Ce couple échange deux ou trois mots dans chaque entr'acte, et, pendant la pièce, garde le silence le plus complet. Voici leur conversation.

Après la première pièce : — Il fait chaud ici. — Vous trouvez, moi je ne trouve pas.

Après la seconde pièce : — On est mal à cette galerie, il faut se pencher pour voir. — Vous ne vous trouvez jamais bien nulle part !

Après la troisième pièce : — Cela finira tard ! — Qu'est-ce que cela nous fait ?

Après la dernière pièce, c'est différent. On met son châle, on prend son chapeau, on s'en va et on ne dit plus rien. Quel couple intéressant ! comme ces gens-là doivent s'être amusés ! Ce qui vous surprendra, c'est qu'ils vont tous les soirs au spectacle et s'y amusent toujours autant.

Voici quatre personnes de la même société qui ont acheté des billets moins cher qu'au bureau, et qui ont été obligées de prendre des suppléments pour ne pas être nichées au-dessus du lustre, ce qui fait que leurs places leur reviennent plus cher qu'au bureau. Ces gens-là sont trop vexés pour s'amuser, ils trouvent tout mauvais et s'écrient à chaque instant :

— Payez donc vos places doubles pour voir ça ! Passons !

Deux dames fort gentilles, tournure de petites bourgeoises, causant tout bas avec beaucoup de feu. Il doit être question d'affaires de cœur. Ces dames en sont aux confidences intimes. Mais l'acteur qui fait les amoureux entre en scène, il jette un regard sur la partie de la galerie où sont ces dames, et l'une d'elles pousse l'autre en lui disant :

« Il nous a vues. — Vous croyez ? — Oh ! oui... il m'avait dit qu'il regarderait dans l'entr'acte par le trou de la toile pour nous chercher dans la salle...; tenez, il regarde encore..., il a souri un peu...

— Il est très-bien sous ce costume... — Moi, je l'aime mieux en Espagnol...; mais je voudrais bien savoir d'où lui vient cette épingle qui attache son nœud de cravate..., je ne la lui connaissais pas... — Il a bien pu s'en faire cadeau. — Oh ! je ne donne pas là dedans ! il faudra que je sache d'où vient cette épingle-là... Eh bien... Qu'est-ce qu'il a donc à regarder toujours dans cette avant-scène ? Est-ce que cela ne va pas finir...? qu'y a-t-il donc de si beau à voir par là ? Serait-ce pour cette dame aux cheveux lisses... qui se donne tant de mouvement pour se faire remarquer ? quel mauvais genre !... on voit tout de suite... ce que c'est... — Mais elle n'est pas mal, cette femme-là... de beaux yeux noirs... — Ah ! ma chère, elle est horrible !... comment pouvez-vous appeler cela de beaux yeux ! ils sont trop ronds, trop ouverts... et ce cou... cet immense cou décharné ! comment peut-on se décolleter quand on montre de si vilaines choses !... Il y a des femmes qui sont folles en vérité. Si c'est là la dame à l'épingle, je ne ferai pas compliment à M..... sur sa conquête.

Ces mots sont dits avec un dépit très-marqué et pendant tout le restant de la soirée, la jeune femme ne cesse pas de regarder cette dame placée à l'avant-scène et qu'elle trouve *horrible !* ce qui n'empêche pas que beaucoup de messieurs ne la trouvent fort bien.

Voilà un ménage ; le père, la mère et l'enfant. Le monsieur dort à demi, mais de temps à autre, sa femme le pousse en lui disant :

— Comment trouves-tu cela ?

Alors le mari se réveille et murmure : — Qu'est-ce qu'on a dit... ? qu'est-ce qu'on joue...? où en est-on ?—Mais tu n'écoutes donc pas..., je gage que tu dormais !... Est-il possible de dormir au spectacle !... vous êtes bien aimable ! — Je t'assure, ma chère amie, que je ne dormais pas... C'est que je pensais à autre chose...

Le petit garçon ne peut pas se tenir tranquille une minute, se penche vers sa maman, en disant :

— J'ai soif. — Tu as bu tout à l'heure. — J'ai encore soif, moi ! — On ne peut pas sortir dans tous les entr'actes pour te faire boire. Tiens-toi tranquille ou l'on ne te mènera plus au spectacle. — Ça m'ennuie cette pièce-là !... on voit toujours des salons !... — Dodolphe, si vous n'êtes pas sage, vous aurez le fouet en rentrant.

Dodolphe se tait, mais au bout d'un moment, il jette sa petite casquette sous la banquette pour avoir l'occasion de se baisser pour la chercher. Et pendant toute la durée du spectacle cette dame n'est occupée qu'à empêcher son mari de s'endormir et son fils de remuer.

Un peu plus loin nous voyons deux dames, une qui est fort bien, l'autre qui est fort laide, mise assez décente quoique tournure un peu équivoque. Un jeune homme s'est placé derrière ces dames, c'est-à-dire derrière celle qui est bien. Le jeune homme cherche à faire connaissance. D'abord il a fait jouer les yeux. C'est toujours par là que l'on prélude. Ses yeux ont dit à la dame : Vous êtes fort jolie, vous me plaisez beaucoup, je désirerais bien aussi que vous me trouvassiez gentil.

Les yeux disent ces choses-là avec infiniment de facilité, ils ont un langage qui est à la portée de tout le monde, les dames surtout ne s'y trompent jamais.

Celle à laquelle les yeux du jeune homme ont parlé, n'a pas paru prendre leur langage en mauvaise part. Elle a souvent tourné la tête pour voir s'ils parlaient toujours... Elle les a trouvés encore plus éloquents ; le jeune homme s'est enhardi et bientôt il s'est hasardé à risquer quelques mots pour entamer enfin la connaissance.

Ces conversations-là commencent toujours de la même manière à peu près comme celles que l'on a dans un bal avec une dame que l'on fait danser pour la première fois :

— Je crains de vous gêner, madame, il y a si peu d'espace entre ces banquettes. — Vous ne me gênez pas, monsieur... — Et puis pour voir on est obligé de se pencher un peu. — C'est vrai..., on ne doit pas être fort bien derrière... — Oh ! je vous assure, madame, que je me trouve très-bien, je ne changerais pas ma place pour tout au monde.

Ces mots sont accompagnés d'un regard d'une immense portée, la dame baisse à demi les yeux, et passant légèrement sa langue sur ses lèvres. Il y a tout à parier que la connaissance se fera.

Maintenant jetons un coup d'œil dans les autres loges : aux premières est l'aristocratie ; aux secondes la bourgeoisie, aux troisièmes les grisettes et les petits employés. Aux premières on va ordinairement pour se faire voir ; aux secondes, pour voir les autres ; aux troisièmes, pour entendre le spectacle.

Les toilettes les plus brillantes sont aux premières loges découvertes ; là est l'épouse d'un banquier, elle a sur elle pour quinze mille francs de diamants, dit-on, qui son mari est en train de faire faillite, quand il aura déposé son bilan, madame aura pour trente mille francs de diamants. C'est comme cela que ça se joue.

Voilà la femme d'un notaire ; c'est elle qui donne les modes, qui porte ce qu'il y a de plus nouveau, on vient au spectacle pour la voir ; il y a toujours cercle dans sa loge ; les dandys y abondent.

On est flatté de pouvoir dire que l'on vient de causer avec une notabilité.

Là-bas est une jeune actrice très-aimée du public, elle ne porte point de diamants, sa toilette n'offre rien de remarquable, mais elle brille par son talent, c'est beaucoup plus flatteur.

Puis là-bas, ce sont des lions en gants serins, qui attendent pour entrer dans leur loge que la pièce soit commencée. Ils feront beaucoup de bruit, fermeront la porte avec fracas, parleront très-haut comme s'ils étaient dans leur chambre. Tout cela pour attirer sur eux quelques *chut !* quelques voix criant : silence ! paix donc dans la loge s'échappant du parterre ou de la galerie. Mais les lions sourient dédaigneusement et font un peu plus de train.

Voilà un monsieur qui entre aux galeries, au balcon, qui se fait ouvrir plusieurs loges, qui salue de tous côtés, qui connaît tout le monde, qui a toujours l'air très-affairé, qui ne reste qu'un moment à chaque endroit où il se montre, et qui ne saura que faire de lui en sortant du spectacle.

Cet autre, qui vient causer à l'entrée d'une loge, trouve moyen dans la conversation de glisser continuellement ces mots : mon journal. « Je dirai cela dans mon journal, j'en rendrai compte dans mon » journal... Ah! je l'arrangerai dans mon journal. » Il est impossible de ne pas comprendre que ce monsieur est journaliste ; cependant il semble si heureux qu'on le sache journaliste, qu'un de ses amis lui a conseillé de l'écrire sur son chapeau afin qu'il ne puisse pas y avoir de doutes pour les personnes qui le rencontreraient au foyer ou dans les corridors.

Il y a encore autour du parterre des loges dont nous n'avons pas parlé, ce sont les baignoires grillées. Mais puisque les personnes qui sont dans ces loges laissent la grille fermée c'est que probablement elles ne veulent pas être vues ; nous pensons alors qu'il serait indiscret de chercher à les apercevoir, et toutes les fois qu'on ne baisse pas la grille, nous fredonnons ce refrain d'une ancienne chanson :

« Ne dérangeons pas le monde
» Laissons chacun comme il est. »

Aux premières on va ordinairement pour se faire voir. — Page 79.

www.ingramcontent.com/pod-product-compliance
Lightning Source LLC
Chambersburg PA
CBHW062011070426
42451CB00008BA/630